MÉMOIRE

à

l'appui

de la

DEMANDE

présentée

par la

SOCIÉTÉ D'EXPLORATIONS COLONIALES

— 1911 —

MÉMOIRE

à

l'appui

de la

DEMANDE

présentée

par la

SOCIÉTÉ D'EXPLORATIONS COLONIALES

– 1911 –

OBSERVATIONS GÉNÉRALES

§ 1er. — Pourquoi avoir attendu dix ans?

La Commission des Affaires extérieures, devant laquelle se présente la *Société d'Explorations Coloniales*, ne sera pas étonnée que le différend, qui lui est aujourd'hui soumis, soit resté d'aussi longues années sans solution, quand elle saura que :

1° La Société demanderesse a eu affaire avec deux Gouvernements : le Gouvernement français et le Gouvernement espagnol ;

2° En ce qui concerne le Gouvernement espagnol, elle était, dans presque tous les cas, obligée de s'adresser d'abord au Pavillon de Flore, qui transmettait au quai d'Orsay, lequel à son tour transmettait à l'ambassadeur de France à Madrid, à qui il appartenait de se mettre en rapport avec le Ministre d'État, puis d'attendre ; qu'enfin la réponse suivait la même filière, sans plus de rapidité ;

3° En ce qui concerne la France, la Société était paralysée dans ses moyens d'action, parce que, dès le début, elle a observé une discrétion qui était nécessaire ; qui s'imposait, en effet, à des tiers exerçant une action parallèle aux vues du Département des Colonies, mais tenus aussi, malgré les conseils donnés et la sympathie toujours affirmée, à ne point engager la responsabilité du Gouvernement français ;

4° La Société a dû, avant de saisir la juridiction devant laquelle elle se trouve maintenant, épuiser tous les moyens d'arriver à une solution, par exemple, en faisant elle-même, à **Madrid**, auprès du Ministre compétent, des démarches en vue d'un arrangement amiable, ou bien en orientant les efforts communs vers un renvoi des parties devant le tribunal arbitral de La Haye;

5° Enfin, la Société, confiante dans l'appui qu'elle n'a cessé d'obtenir au Ministère des Colonies et dans le concours diplomatique qui lui avait été jusqu'en ces derniers mois prêté au quai d'Orsay, voulait laisser le temps au Gouvernement français de trouver le moyen de réparer cette longue injustice, quels que fussent le délai imposé et la preuve de longanimité demandée.

§ 2. — Des documents et non de simples allégations.

La Commission des Affaires extérieures pourrait craindre qu'en raison de la nature de l'affaire, du rôle effacé que le Gouvernement français a tenu à jouer, et de la prudence toute naturelle dès lors qu'il a dû observer, afin de ne point donner de preuve matérielle de son concours, elle n'eût à se faire une opinion que sur de simples allégations produites par la demanderesse, allégations plus ou moins vraisemblables et plus ou moins susceptibles d'être écartées par un seul démenti des parties mises en cause.

Tel n'est pas le cas.

La Société n'avance rien sans une preuve écrite.

a) L'accord n'a jamais cessé d'exister entre le Ministère des Colonies et la Société.

Et, si elle a malgré la réserve dont il vient d'être parlé, une correspondance tout à fait concluante à mettre sous les yeux de la Commission, c'est uniquement parce que les parties intéressées ont été, avant tout, dès le début et jusqu'à ce jour, animées du plus scrupuleux esprit de loyauté : qu'elles ne s'étaient point plus ou moins associées pour « faire une affaire », au sens propre du mot, c'est-à-dire pour mener à bien une entreprise commerciale, en observant une circonspection spéciale, mais qu'elles s'étaient concertées pour faire œuvre patriotique, et pour donner une base matérielle incontestable aux prétentions que la France entendait émettre, le jour où l'on statuerait d'une façon ou d'une autre sur le différend qui s'était élevé, entre elle et l'Espagne, au Congo.

Les deux parties, poursuivant un but aussi élevé, ne pouvaient point s'abaisser à prendre des précautions si rigoureuses qu'elles auraient confiné à la défiance.

La nombreuse correspondance échangée entre elles indique donc, malgré tout, très nettement, quelles étaient leurs intentions, en même temps que la portée de leur accord.

Naturellement, des lettres ne sauraient remplacer un contrat en bonne et due forme, ni être aussi explicites.

Il faut tenir compte en outre de ce qu'elles n'ont point été rédigées dans le but d'y suppléer, pas plus que dans celui d'être soumises, un jour, à une juridiction quelconque, et qu'en tout état de cause, il est bon de le répéter encore, le Gouvernement français avait une certaine retenue à observer à propos de l'Espagne, et de l'engagement auquel il avait souscrit, en 1891, de « s'abstenir de tout acte de souveraineté ».

C'est ainsi que la *Société d'Explorations Coloniales* était censée avoir agi seule, de son propre mouvement, à ses risques et périls, dans le « Contesté ». Elle ne devait jamais démasquer, pour quelle que raison que ce fût, le Gouvernement français. Elle le promit au Département des Colonies. Elle a toujours, comme il a été dit dans le paragraphe précédent, loyalement tenu sa promesse, malgré les longues années d'attente imposées pour se faire rendre justice et, tout dernièrement encore, malgré tous ses échecs, malgré tous ses déboires, elle poussait si loin le respect de cet engagement, qu'elle consentait, si l'Espagne acceptait de soumettre le différend au Tribunal de La Haye, à ne déposer, « aucunes conclusions, aucun document, aucun mémoire », à ne laisser développer à la barre aucun moyen, sans en avoir, au préalable, obtenu l'autorisation du Gouvernement français.

b) Comment il était convenu que la Société agissait « à ses Risques et Périls ».

De son côté, le Département des Colonies a non moins loyalement prêté le concours qu'il avait promis.

Certes, il était bien convenu, et il faut le dire tout de suite pour donner à l'affaire sa véritable physionomie, que si la *Société d'Explorations Coloniales* ne pouvait mener à bien son entreprise, en apparence seulement commerciale : si ses explorateurs étaient tués, si la mission était décimée par les fièvres, pillée par les indigènes, si c'était en pure perte qu'avaient été ainsi engloutis d'importants capitaux, elle n'avait rien à réclamer. Il était entendu qu'elle agissait « *à ses risques et périls* ».

Si elle réussissait, le Département des Colonies s'empresserait, tout le premier, d'appuyer son action pour faire respecter ses droits légitimement acquis.

Ce qu'il pourrait faire, à lui tout seul, pour récompenser le service rendu à la France par la Société, il le ferait avec le même empressement.

Il n'y a point manqué.

Voilà tout ce qu'établiront les documents que la demanderesse tient à la disposition de la Commission des Affaires Extérieures, et qui, encore fois, n'ont point été rédigés pour les besoins de la cause, puisqu'on n'avait pu prévoir qu'on en ferait état devant un tribunal.

S'ils sont aujourd'hui versés aux débats, c'est simplement dans le but d'éclairer le différend et non de le passionner. Car la loyale entente du début n'a pas cessé d'exister.

Seulement, le Département des Colonies, malgré l'appui le plus sincère et le plus empressé, n'a pu faire obtenir à la demanderesse la réparation complète qui lui était due.

C'est qu'il ne s'agissait plus d'une concession à accorder à la *Société d'Explorations Coloniales*; que l'acte de justice qui s'imposait ne dépendait plus de lui seul, mais de l'action du Département des Affaires Étrangères auprès du cabinet de Madrid.

Pourquoi ces dernières démarches n'ont-elles point abouti?

Qu'est devenue l'assurance qu'on avait donnée au Parlement français, en 1902, pour obtenir le vote de l'accord franco-espagnol, à savoir que les droits de la Société seraient respectés ?

Comment empêcher la *Société d'Explorations Coloniales* d'être victime de l'erreur commise par ceux qui ont eu foi dans la loyauté de l'Espagne et dans l'engagement pris envers eux ?

Telles sont les questions qui s'imposent à l'attention de la Commission des Affaires Extérieures.

En RÉSUMÉ, malgré la nature de l'affaire, il y a des documents qui, pour la Commission, définissent nettement les données du problème. Il n'y a pas la moindre contestation sur ces documents, pas la moindre interprétation à établir.

Dès le début, c'était entre les parties une question de bonne foi et une question d'honnêteté.

Rien n'a été changé, et, ce que la Commission des Affaires Extérieures a, en dernier ressort, à trancher aujourd'hui, c'est toujours une question de bonne foi et une question d'honnêteté.

PREMIÈRE PARTIE

AVANT L'ACCORD FRANCO-ESPAGNOL
DU 27 JUIN 1900

§ 1. — Comment l'affaire s'engage du côté français.

Le premier document qui figure dans le dossier de la Société d'Explorations Coloniales, dossier consacré à la correspondance avec le Ministère des Colonies, est une lettre de ce département, en date du 24 novembre 1898, adressée à M. Lesieur, le hardi pionnier qui tenta — d'abord de son propre mouvement — ensuite pour le compte de la Société demanderesse, cette œuvre considérable de pénétration qui, dans la pensée de tous, ne devait point seulement favoriser l'expansion commerciale de notre pays, mais encore et surtout augmenter son patrimoine au Congo, et étendre ainsi sa souveraineté en Afrique.

Ce document est à citer en son entier. D'autres également seront reproduits ici, mais peu nombreux. Car, si l'on songe que la *Société d'Explorations Coloniales* a, pour cette affaire, pendant dix ans, constitué un dossier, d'abord pour sa correspondance avec le Ministère des Colonies, puis un autre, pour ses relations avec le Département des Affaires Étrangères ; un autre aussi, à propos des communications de son avocat-conseil à Madrid et des démarches un moment tentées directement auprès du Ministre d'État ; un autre encore, se rapportant à l'échange de lettres avec l'ambassadeur d'Espagne à Paris ; un autre enfin, relativement au notaire-greffier de Libreville et à l'enregistrement des titres de propriété, — on comprendra facilement qu'un volume ne suffirait point pour insérer ici cette quantité de pièces.

Ne seront donc citées que celles qui sont essentielles pour permettre aux membres de la Commission des Affaires Extérieures, non point d'examiner, sous toutes ses faces, le différend qui s'est élevé entre la Société et le Gouvernement espagnol — et la question de droit international ainsi posée — mais plutôt dans quelle mesure et sous quelle forme, c'est au Parlement français qu'il appartient d'empêcher la demanderesse d'être victime d'une incontestable injustice.

Mais, bien entendu, tous ces dossiers, sans exception, constitués chaque mois, chaque année, au fur et à mesure qu'un document nouveau apparaissait, — et non pour les besoins de la cause — seront, à la première demande, à la disposition entière de la Commission.

D'ailleurs, quand on réfléchit que l'accord, qui va être constaté entre le Gouvernement français et la Société dans les premières pièces relatées ici, s'est continué pendant dix ans et jusqu'au moment même où la Commission a été saisie, on se rend aisément compte, comme il a été dit plus haut, qu'il ne s'agit plus de textes à interpréter et de nombreuses pièces à discuter, mais de documents principaux à signaler dant le but unique de montrer qu'il n'est plus question que d'empêcher une injustice. Les citations que contient ce mémoire ne sont donc là que pour montrer à la Commission la nécessité qui s'imposait à la demanderesse de faire un suprême appel à l'esprit d'équité du Parlement.

Cette démonstration, ainsi documentée très brièvement, peut se résumer, dans ses grandes lignes, plus succinctement encore :

a) La Société d'Explorations Coloniales n'a jamais rien fait que d'accord avec le Département des Colonies et sur ses indications.

b) L'intérêt français commandait de combattre les prétentions vraiment exagérées de l'Espagne.

c) Quand il s'agit d'obtenir le vote de l'accord qui, le 27 juin 1900, mit fin à un aussi long différend, on assura au Parlement français que les droits des tiers seraient entièrement respectés par l'Espagne.

d) Cette promesse formelle n'a point été remplie. Le Parlement français pourra constater que ce n'est point la faute de la *Société d'Explorations Coloniales*, qui a toujours poussé l'esprit de conciliation jusqu'à ses dernières limites, et il estimera certainement qu'elle ne saurait être victime de l'erreur commise par ceux qui ont eu foi dans les engagements positifs ou dans les simples affirmations de l'Espagne.

En tout, quatre points. Abordons tout de suite le premier, en reproduisant le premier document dont il est parlé plus haut.

MINISTÈRE
DES COLONIES

Congo français

Territoire contesté
entre la France et l'Espagne.
Demande de concession.

Paris, le 24/113 novembre 1898

Monsieur Lesieur, Paris.

Par votre lettre du 16 octobre dernier, vous m'avez fait connaître que vous réduisiez provisoirement les limites de la concession que vous avez sollicitée de mon Département dans la région Nord-Ouest du Congo français, en excluant de ses limites tous les territoires qui, selon vous, feraient partie du Contesté Franco-Espagnol. Vous indiquez comme devant former la frontière naturelle du Contesté la ligne de partage des eaux entre le bassin du Tembouni et celui de l'Ogooué, et vous prenez cette ligne pour limite ouest de votre nouvelle concession.

J'ai l'honneur de vous faire connaître que les territoires dont l'Espagne revendique la souveraineté dans la région Nord-Ouest du Congo français s'étendent, non pas seulement jusqu'à la ligne de partage des eaux entre le Tembouni et l'Ogooué, mais bien jusqu'au bassin de la Sangha et même au delà de ce bassin. D'autre part, le Ministère des Affaires Étrangères, que mon Département a consulté sur la question de savoir s'il était possible au Gouvernement français d'accorder des concessions ou simplement d'autoriser des acquisitions de terrains dans l'étendue des territoires contestés, a exprimé l'avis que toute concession ou autorisation de cette nature constituerait une violation du *statu quo* stipulé entre la France et l'Espagne.

Il m'est donc de toute impossibilité d'accueillir votre demande de concession, même sous sa forme nouvelle.

J'ajoute toutefois, qu'il n'y aurait plus infraction au *modus vivendi* établi entre les Gouvernements français et espagnol dans les régions contestées, si l'action de l'État disparaissait complètement, et s'il s'agissait simplement pour un particulier de traiter avec les indigènes et d'acquérir un droit de propriété dans les formes réglées par les lois ou coutumes locales.

Il vous appartient d'examiner si vous pouvez avoir intérêt à entreprendre dans ces conditions l'exploitation que vous projetiez en ne perdant pas de vue que cette exploitation ne saurait être entreprise qu'à vos risques et périls, sans que l'État français puisse être tenu vis-à-vis de vous à aucune garantie.

Recevez, ... etc.

> Le Ministre des Colonies,
> *Signé :* GUILLAIN.

Ainsi, ce premier document confirme bien ce qui a été dit au début de ce mémoire, à savoir l'obligation où était le Gouvernement français de respecter — officiellement — le *modus vivendi* de 1891, tandis qu'il ne voyait aucun inconvénient s'il s'agissait d'un particulier (seul ou associé avec des bailleurs de fonds), s'engageant « à ses risques et périls » ; « si les explorateurs étaient tués — est-il dit plus haut, — si la mission était décimée par les fièvres, pillée par les indigènes, si c'était en pure perte qu'avaient été ainsi engloutis d'énormes capitaux », rien ne pouvait être réclamé à l'État.

Mais était-il interdit de prévoir la réussite de cet audacieux particulier et de ses associés? Et, en cas de succès, lorsqu'il y aurait à partager, non point dettes et responsabilités, mais bénéfices certains, quelle serait la situation de l'État?

On y avait songé.

Les deux documents qui suivent en font foi. C'est d'abord une lettre de l'Administrateur de la Société, en date du 7 juillet 1899, puis un projet de convention.

Voici la lettre :

SOCIÉTÉ
D'EXPLORATIONS COLONIALES

Paris, le 7 juillet 1899.

Monsieur le Ministre des Colonies, Paris.

MONSIEUR LE MINISTRE,

A la suite de longues négociations verbales avec votre prédécesseur, M. Guillain, votre Département a établi (sans date, 1er bureau, 1re direction) un projet de convention avec la Société au sujet du Contesté Franco-Espagnol. Ce projet a été le point de départ de nouvelles négociations qui venaient d'aboutir à un accord complet sur tous les points entre votre Département et nous, accord qui n'attendait que la ratification du Ministre des Affaires Étrangères, lorsque est survenue la crise ministérielle. Nous venons appeler votre attention sur la situation qui nous serait faite si une solution n'intervenait pas d'ici peu.

En effet, sur la foi des engagements conclus avec M. Guillain, nous avons engagé la moitié de notre capital, soit environ 500.000 francs, dans une opération dont l'intérêt au point de vue national est indéniable ; notre Directeur est sur place avec ses agents, et des maisons sont édifiées. M. Guynet, l'un de nos Administrateurs, part par ce paquebot pour le rejoindre et réaliser avec lui les acquisitions qui font l'objet de notre entreprise.

Nous nous permettons de vous rappeler que notre projet a reçu, dès le début, les encouragements de votre Département qui, en raison de certaines compétitions, nous a pressés d'agir ; vous n'aurez, pour le vérifier, qu'à vous reporter au dossier de l'affaire. Nous venons donc vous demander de vouloir bien solliciter du Ministère des Affaires Étrangères l'avis qui lui a été demandé, et nous comptons fermement que, si cet avis est favorable, la signature du contrat pourra avoir lieu sans retard.

Veuillez agréer, Monsieur le Ministre, l'assurance de notre profond respect.

Un Administrateur,
Signé : W. GUYNET.

Voici maintenant le projet de convention dont il vient d'être parlé :

MINISTÈRE
DES COLONIES

1re DIRECTION
1er BUREAU

RÉPUBLIQUE FRANÇAISE
LIBERTÉ - ÉGALITÉ - FRATERNITÉ

CONVENTION

Entre les soussignés :

Le Ministre des Colonies agissant au nom de l'État français et de la Colonie du Congo français, sous réserve de l'approbation des présentes par le Président de la République,

d'une part;

et MM. G. Bourdon, G. Dubar et William Guynet, administrateurs de la Société dite « Société d'Explorations Coloniales », constituée au capital de un millions de francs, suivant statuts déposés à l'étude de Me Paul Dupuy, notaire à Paris, le 13 février 1899, ayant son siège social à Paris, rue Le Peletier, agissant au nom de ladite Société et délégués à cet effet par délibération du Conseil en date du 26 mai 1899,.

d'autre part,

il a été exposé et convenu ce qui suit :

EXPOSÉ.

La France, qui depuis 1845 occupe la côte du Gabon, et qui a passé avec les chefs indigènes de cette côte des traités par lesquels ils ont reconnu sa souveraineté, s'est toujours considérée depuis 1845 et se considère comme souveraine de la côte au nord comme au sud de l'estuaire du Gabon et de tout son hinterland, entre le Cameroun allemand et le Congo belge.

L'Espagne conteste ce droit de la France et revendique la propriété de la côte et de son hinterland depuis le Rio Campo jusqu'au Cap Lopez, en alléguant le traité du Pardo, du 24 mars 1771, par lequel le Portugal lui aurait cédé ses droits sur ces territoires.

La France ne reconnaît aucun droit à l'Espagne; et elle a toujours au contraire affirmé avec la plus grande énergie et même exercé en fait jusqu'à ces derniers temps son droit de souveraineté. Néanmoins, par esprit de courtoisie envers une nation amie, elle a promis à l'Espagne de ne plus faire aucun acte de souveraineté sur la côte ou dans les territoires en arrière, jusqu'à ce que la question litigieuse ait été résolue d'un commun accord ou par arbitres.

Le Gouvernement français a dû ajourner en conséquence la solution d'une demande qui lui avait été adressée par M. Lesieur, tendant à obtenir la concession de jouissance temporaire du territoire contesté ci-après défini.

Mais, d'autre part, M. Lesieur ayant commencé l'exploitation commerciale, a engagé des négociations avec 48 chefs indigènes de la région du Bénito, qui lui ont vendu et cédé par contrat en 1895 la propriété des territoires occupés par leurs tribus ; il a rétrocédé ces droits de propriété à la Société d'Explorations Coloniales et se dispose à continuer pour le compte de cette Société des acquisitions analogues dans tout le territoire contesté ci-après défini, ainsi que l'exploitation commerciale et agricole dudit territoire.

La Société d'Explorations Coloniales voulant donner, tant à ses aquisitions passées qu'à ses acquisitions futures, un caractère absolu d'authenticité indispensable à la sécurité de la possession de ses établissements commerciaux et agricoles, demande au Gouvernement français de vouloir bien faire transcrire à Libreville les contrats d'acquisition, afin de leur donner vis-à-vis des tiers la valeur légale qui pourra être attachée aux actes authentiqués, sans que d'ailleurs le Gouvernement français encoure de ce fait aucune responsabilité. La Société se déclare en outre disposée spontanément à s'interdire de rétrocéder tout ou partie de ses droits soit à un État étranger, soit aux ressortissants d'un État étranger. En conséquence de cet exposé, il a été convenu ce qui suit entre les parties sus-mentionnées :

Art. 1.

Le conservateur de la propriété foncière à Libreville transcrira sur un registre spécial, au fur et à mesure qu'ils lui seront présentés par le ou les agents à ce délégués de la Société d'Explorations Coloniales, les contrats passés avec les indigènes que cette Société aura conclus directement avec eux ou dont elle aura acquis le bénéfice, ayant pour objet des achats de propriétés ou de concessions de jouissance de terres ou des concessions de monopoles de cultures, de commerce, dans le territoire compris entre la frontière du Cameroun allemand, le méridien 11°30' de longitude Est de Paris; la limite nord de la concession accordée à M. Daumas par le décret du 17 novembre 1893, le parallèle 0° 50' de latitude Nord et le rivage de la mer jusqu'à la rivière Campo, exception faite toutefois du territoire du Cap Saint-Jean compris entre l'estuaire du Mouny, la mer et les rivières Adjé et Kongue, dont le Gouvernement français se réserve l'entière disposition.

Art. 2.

Seront seuls admis à la transcription, les contrats pour lesquels il sera établi qu'ils ont été lus et produits aux parties contractantes et signés par elles en présence et sur la signature d'au moins deux témoins désintéressés, citoyens français, qui seront reconnus par le Commissaire général du Gouvernement au Congo français, comme honorables, dignes de foi, et comprenant la langue des indigènes contractants.

A cet effet, les dits témoins auront à affirmer sous la foi du serment devant le juge président du Tribunal de Libreville leur présence à la lecture, à la traduction et à la signature du contrat, la qualité connue des signataires et l'identité du contrat présenté avec le contrat signé en leur présence sur les lieux. Inscription sera faite de cette affirmation des témoins par le juge président, en marge du contrat, avec la mention de la prestation de serment; la dite inscription sera transcrite avec le contrat par le conservateur sur le registre spécial. Avant de remplir cette formalité, les témoins devront établir devant le Commissaire général qu'ils remplissent bien les conditions visées à l'alinéa précédent. Le Commissaire général leur délivrera alors un certificat destiné à le constater et qui sera également transcrit avec le contrat sur le registre spécial.

Après avoir fait la transcription du contrat, le Conservateur inscrira sur l'original mention de la transcription, de sa date et du numéro d'ordre de son registre et y apposera sa signature avec le timbre de son bureau.

Art. 3.

Tout contrat présenté à la transcription devra décrire avec toute la précision possible, la situation géographique du territoire auquel il se rapporte et autant que faire se pourra les limites de ce territoire.

Art. 4.

Les honoraires dus par la Société d'Explorations Coloniales au Conservateur de la propriété foncière pour sa transcription seront réglés comme en matière d'immatriculation d'immeubles par application de l'article 99 du décret du 28 mars 1899 sur le régime de la propriété foncière au Congo français.

Art. 5.

L'État français et la Colonie du Congo déclinent toute responsabilité vis-à-vis des tiers au sujet de la valeur et des effets des contrats dont la transcription aura été opérée conformément aux articles précédents.

Il est stipulé en conséquence, que la Société d'Explorations Coloniales agit à ses risques et périls et qu'elle ne pourra élever aucune réclamation contre l'État ou la Colonie au cas de contestations quelconques relatives auxdits achats.

Art. 6.

La Société d'Explorations Coloniales prend l'engagement de ne céder ou louer à personne pendant un délai de trente années à partir du présent jour aucune parcelle des terres ni aucune partie du bénéfice des concessions et monopoles.

Art. 7.

La Société d'Explorations Coloniales prend l'engagement de céder gratuitement à l'État français, dès qu'elle en sera requise, tous les droits qu'elle aura acquis en vertu des contrats visés à l'article 1er ci-dessus, à la condition qu'en échange, l'État français lui donnera au moment qu'il jugera convenable dans le délai d'un an à partir du règlement définitif de la question pendante entre lui et l'Espagne, la concession de jouissance pour 30 années à partir dudit moment, du territoire défini à l'article 1er ci-dessus, ou tout au moins de la partie de ce territoire que le règlement aura reconnue définitivement à la France. Elle stipulera que cette concession soit soumise aux clauses et conditions des projets de décret et de cahier des charges annexés à la présente convention.

Art. 8.

De son côté, le Gouvernement français s'engage :

1° A attribuer à la Société d'Explorations Coloniales, la concession de jouissance prévue à l'article 7 ci-dessus, dans les conditions énoncées dans cet article ;

2° A ne donner à aucun autre pendant 30 années à partir du présent jour la concession de jouissance du territoire défini à l'article 1er, pourvu que la Société d'Explorations Coloniales ait étendu progressivement son action à compter du présent jour, sur tout ce territoire, à raison d'un cinquième au moins de la superficie totale, par an, étant entendu que cette extension sera considérée comme constatée par la transcription au cours de chaque année, dans les conditions résultant des articles 1, 2, 3 et 4 ci-dessus, de nouveaux contrats relatifs à des acquisitions ou concessions obtenues des indigènes s'étendant à une superficie d'au moins un cinquième de la superficie totale ;

3° A laisser la Société d'Explorations Coloniales sous le régime actuel en ce qui concerne ledit territoire durant le temps qui pourra s'écouler entre l'époque où celle-ci aurait été requise de rétrocéder gratuitement à l'État les droits qu'elle a acquis et le moment où celui-ci lui accordera la concession comme il est dit à l'article 7 et sous la réserve prévue à l'alinéa précédent ;

4° A tenir compte à la Société d'Explorations Coloniales, des dépenses et travaux qu'elle aura faits pour l'exploitation et la mise en valeur du territoire, ainsi que de la responsabilité et de l'aléa qu'elle assume en vertu de l'article 5 ci-dessus : *a)* en l'exonérant de la redevance fixe prévue à l'article 7 du projet du décret ci-annexé, jusqu'à l'expiration de la dixième année qui suivra celle au cours de laquelle le décret de concession lui aura été notifié et de la redevance proportionnelle jusqu'à l'expiration de la cinquième année ; *b)* en lui reconnaissant au jour de l'attribution définitive de la concession ou, en ce qui le concerne, à l'expiration de la trentième année comptée à partir du présent jour, si la concession n'a encore pu être donnée à cette époque, la pleine propriété des terres qu'elle aura mises en valeur antérieurement à l'une ou à l'autre des dites époques suivant les conditions du cahier des charges susmentionné.

Néanmoins si, entre la signature des présentes et l'attribution définitive de la concession, il ne s'est pas écoulé un délai d'au moins cinq ans, le délai de cinq années fixé par les §§ 5 et 7 de l'article 8 du cahier des charges ci-annexé pour l'acquisition du droit de propriété ne sera pas exigé.

Art. 9.

La présente convention ne deviendra définitive qu'après que l'Assemblée générale des Actionnaires, régulièrement constituée, aura confirmé les engagements pris au nom de la Société dans la présente convention et, en outre, aura modifié les statuts de la Société :

1° En restreignant le domaine de son action au territoire défini par l'article 1er de la présente convention ;

2° En stipulant que les parts de fondateur devront rester nominatives et ne seront pas négociables tant qu'elles n'auront pas été l'objet de deux répartitions annuelles consécutives à la suite du règlement de chaque exercice. Néanmoins la cession pourrait en être faite en conformité des dispositions des articles 1689 et 1690 du Code civil ;

3° En stipulant que tous les Administrateurs devront être Français et agréés par le Ministre des Colonies.

L'accomplissement de ces conditions sera constaté par un arrêté du Ministre des Colonies à la suite duquel il pourra être procédé à l'exécution de la présente convention.

Fait à Paris, le...

C'est le 13 janvier 1900 que le Département des Colonies a répondu à la Société. Voici dans quels termes :

MINISTÈRE
DES COLONIES

1ʳᵉ DIRECTION
1ᵉʳ BUREAU

Territoire contesté
Franco-Espagnol

RÉPUBLIQUE FRANÇAISE

Paris, le 13 janvier 1900.

M. l'Administrateur délégué de la Société d'Explorations Coloniales, Paris.

MONSIEUR,

Après avoir pris l'avis de M. le Ministre des Affaires Étrangères, j'ai l'honneur de vous faire connaître qu'il ne me paraît pas possible, pour le moment tout au moins, de songer à l'attribution d'une concession dans le territoire franco-espagnol, ni de donner suite au projet de convention qui avait été préparé entre votre Société et mon Département.

L'état actuel des négociations entamées entre le Cabinet de Madrid et le Gouvernement de la République au sujet de ces territoires impose à mon Administration la plus grande réserve, et il est nécessaire notamment d'éviter avec soin au Gouvernement français tout acte pouvant être considéré comme une affirmation nouvelle de souveraineté.

Afin cependant de faciliter votre établissement dans ces régions, et de donner surtout un caractère d'authenticité suffisant, j'ai décidé que ces contrats et traités pourraient être reçus par le Greffier-Notaire de Libreville et déposés par lui au rang de ses minutes. J'ai adressé des instructions dans ce sens à M. le Commissaire général du Gouvernement du Congo.

Recevez, Monsieur, les assurances de ma parfaite considération.

Le Ministre des Colonies,
Signé : Albert DECRAIS.

La Société s'est inclinée. On lui disait d'attendre. Elle a attendu, s'efforçant constamment d'être au courant des négociations engagées entre le Cabinet de Madrid et le Gouvernement de la République, restant en correspondance avec le Département des Colonies, afin qu'on n'oubliât pas les droits qu'elle ferait valoir, une fois l'accord signé entre les deux pays, à une concession, dans la région sise au nord du Gabon, des territoires qui reviendraient finalement à la France ; afin aussi qu'on n'omît point, dans l'arrangement avec l'Espagne (il y a notamment à ce sujet une lettre du 21 juillet 1900) « d'insérer des stipulations en ce qui concerne les droits de propriété des ressortissants français » ; prenant soin enfin de faire parvenir au Pavillon de Flore « conformément au désir exprimé par le Ministre » et au fur et à mesure qu'ils arrivaient à Paris, au siège social, les textes, cartes et plans des contrats de vente passés entre les indigènes et la Société d'Explorations Coloniales... » (notamment lettre du 20 novembre 1900).

Ce fut le 25 juillet 1900 que la Société demanderesse, qui venait d'apprendre la conclusion de l'accord franco-espagnol, avisa officiellement l'ambassadeur, M. de Leon y Castillo, des droits qu'elle avait acquis, et le jour même elle prévenait le Ministre des Colonies et le Département des Affaires Étrangères de la démarche qu'elle venait de faire.

Voici sa lettre au quai d'Orsay :

SOCIÉTÉ
D'EXPLORATIONS COLONIALES

Paris, le 25 juillet 1900.

Monsieur le Ministre des Affaires Étrangères, Paris.

MONSIEUR LE MINISTRE,

N'ayant pu obtenir communication du texte de l'arrangement Franco-Espagnol récemment signé au sujet du Contesté au nord du Gabon et ignorant en conséquence les stipulations intervenues au sujet des droits de propriété des ressortissants français dans cette région, nous avons dû, pour la sauvegarde des intérêts de la Société d'Explorations Coloniales, faire toutes réserves auprès du Représentant du Gouvernement espagnol à Paris, au sujet des promesses de concession qui pourraient être données par le Gouvernement espagnol, et qui engloberaient les territoires dont nous sommes propriétaires.

Nous avons l'honneur de vous adresser une copie de la lettre que nous avons écrite à ce jour relativement à cette question, à son Excellence l'Ambassadeur d'Espagne à Paris.

Veuillez agréer, etc.

(Même avis dans les mêmes termes au Département des Colonies.)

SOCIÉTÉ
D'EXPLORATIONS COLONIALES

Paris, le 25 juillet 1900.

A Son Excellence M. de Leon y Castillo,
Marquis del Rio Muny, Ambassadeur d'Espagne, Paris.

EXCELLENCE,

Ayant appris que des demandes de concessions territoriales ont été adressées au Gouvernement espagnol, dans la région sise au nord du Gabon, et qui vient par la Convention récemment signée d'être attribuée à l'Espagne, nous venons respectueusement au nom et comme administrateurs de la Société d'Explorations Coloniales, prier Votre Excellence d'informer son Gouvernement qu'en vertu d'actes d'acquisitions passés avec les chefs indigènes et dûment enregistrés à Libreville, nous sommes propriétaires de territoires importants situés dans ladite région.

En portant cette situation à la connaissance de Votre Excellence, nous avons l'honneur de protester auprès d'elle en qualité de Représentant du Gouvernement espagnol, contre l'octroi de toute concession qui comprendrait tout ou partie de territoires acquis par la Société d'Explorations Coloniales.

Aussitôt que l'arrangement intervenu entre l'Espagne et la France aura été approuvé par les Cortès et le Parlement français, nous nous ferons un devoir de justifier auprès de Votre Excellence de nos titres de propriété.

Nous avons l'honneur d'être, de Votre Excellence, les très respectueux serviteurs.

Voici maintenant l'accusé de réception du Ministre des Affaires Étrangères :

MINISTÈRE
des
AFFAIRES ÉTRANGÈRES

RÉPUBLIQUE FRANÇAISE

DIRECTION
DES AFFAIRES POLITIQUES

Paris, le 31 juillet 1900.

Monsieur le Président de la
Société d'Explorations Coloniales, Paris.

Monsieur,

Vous avez bien voulu m'adresser le 23 de ce mois copie d'une lettre que vous aviez fait parvenir à l'Ambassadeur d'Espagne à Paris, à la suite de la conclusion de l'arrangement Franco-Espagnol du 27 juin dernier.

J'ai l'honneur de vous accuser réception de cette communication.

Recevez, Monsieur, etc.

Signé : .....

L'ambassadeur d'Espagne répondit, lui, le lendemain même.

EMBAJADA DE ESPAÑA
EN PARIS

Paris, le 26 juillet 1900.

Société d'Explorations Coloniales, Paris.

MESSIEURS,

En réponse à la lettre que vous avez bien voulu m'adresser en date du 23 juillet et après avoir pris connaissance de son contenu, j'ai l'honneur de vous informer que je m'empresse d'en donner communication à mon Gouvernement.

Veuillez agréer, etc....

Signé : F. DE LEON Y CASTILLO.

Enfin, le 8 août suivant, M. de Leon y Castillo fait connaître quelle a été la première impression de son Gouvernement :

3

AMBASSADE D'ESPAGNE

Anglet, le 8 août 1900.

Monsieur Bourdon,
Président de la Société d'Explorations Coloniales,
Paris.

MONSIEUR,

Comme je vous l'indiquais le 26 juillet dernier, j'ai rendu compte à mon Gouvernement de la communication que vous m'avez adressée le 25 du même mois.

M. le Ministre d'État, en m'accusant réception de ma lettre, m'expose que le Gouvernement de Sa Majesté, ayant pris connaissance de la requête présentée, n'y trouve aucun renseignement qui lui permette d'apprécier la valeur des droits que les signataires prétendent avoir acquis, non plus que la situation exacte de l'extension des terrains auxquels ils font allusion, et, que par conséquent le Gouvernement se trouve dans l'impossibilité de répondre, pour le moment, dans la forme voulue. Il peut uniquement vous assurer, dès à présent, que l'État espagnol se réserve intégralement les droits inhérents à la Souveraineté, sur la partie des territoires de la Guinée consignée comme lui appartenant, dans le Traité de délimitation du 27 juin dernier, par lequel la France les lui a officiellement reconnus.

Veuillez agréer, etc....

Signé : F. DE LEON Y CASTILLO.

Telles sont les conditions dans lesquelles les parties en cause ont définitivement pris position : et c'est ici que s'arrête le premier chapitre du mémoire, puisqu'il va jusqu'au moment où les deux Nations ont mis fin à leur long différend.

On a vu que la *Société d'Explorations Coloniales* n'a : a) jamais agi que d'accord avec le Département des Colonies, et : b) que l'intérêt français commandait de combattre les prétentions vraiment exagérées de l'Espagne. C'étaient les deux points qu'il importait de mettre en lumière dans ce premier chapitre.

La tâche à cet égard sera entièrement accomplie quand on aura souligné tout spécialement ce passage de la lettre, citée plus haut, que M. le Ministre des Colonies écrivait le 24 novembre 1898 à M. Lesieur :

« ...J'ai l'honneur de vous faire connaître que les territoires dont l'Espagne revendique la souveraineté dans la région N.-O. du Congo français *s'étendent, non pas seulement jusqu'à la ligne de partage des eaux entre le Tembouni et l'Ogoué,* **mais bien jusqu'au bassin de la Shangha ET MÊME AU DELA DE CE BASSIN...** »

L'exagération de pareilles prétentions saute aux yeux quand on regarde la carte de l'Afrique Equatoriale, et qu'on voit, d'un côté, cette immense

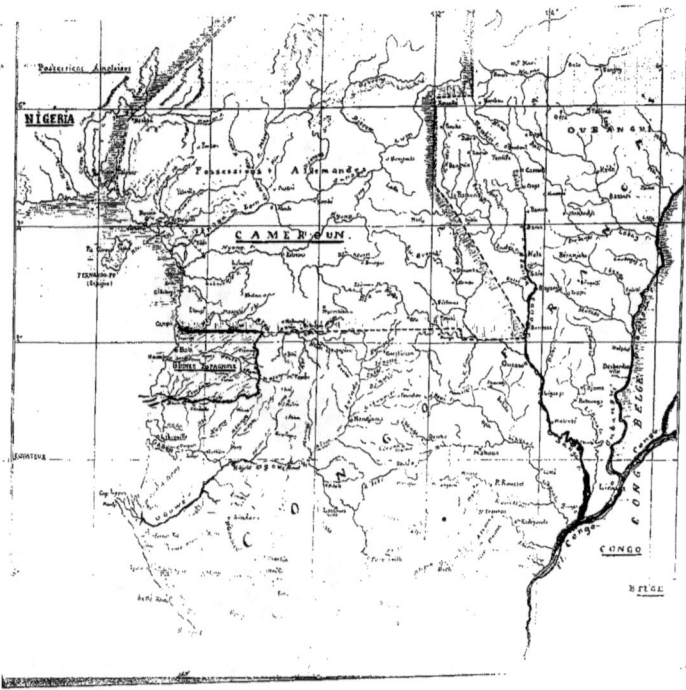

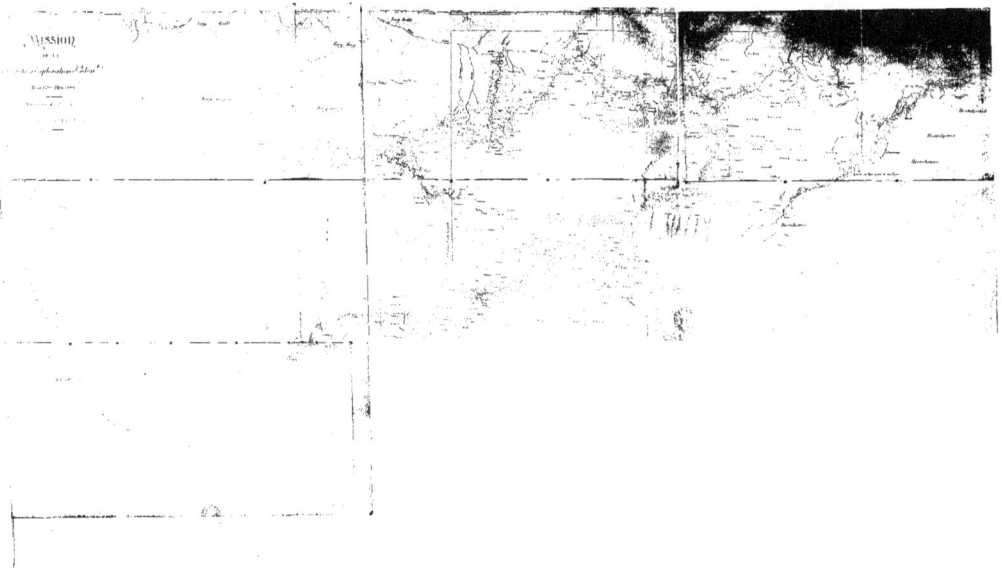

étendue qui va du littoral à la Shangha *(en bleu sur la carte)* ; de l'autre ce que, malgré tout, le traité de 1900 a donné à l'Espagne *(entouré de rouge)* ; et qu'enfin on réfléchit à la situation véritable, à ce moment, de nos rivaux qui s'étaient toujours cantonnés sur le littoral et n'avaient jamais occupé que trois points sans importance *(indiqués en vert)* : les îlots d'Elobey, le cap Saint-Jean, et Corisco.

D'ailleurs on aura encore une idée exacte de la contestation si long-temps pendante entre le cabinet de Madrid et celui de Paris, quand on saura : 1° que la population européenne des trois points occupés par les Espagnols, en 1900, ne dépassait point le chiffre de cent, et la population indigène celui de deux mille ; que, quelques années auparavant, sur l'inter-vention énergique de M. de Brazza, l'Espagne avait évacué ses établisse-ments de Bata et Benito, aussitôt remplacés par des postes français, donnant ainsi la mesure de sa confiance dans ses prétendus droits.

L'accord du 27 juin 1900 a sûrement dépassé ses espérances véritables. Mais il n'y a pas lieu de parler ici de ce traité. Il y a chose jugée. On n'a qu'à s'incliner.

Seulement, on comprend les raisons que le Ministre des Colonies, M. Guillain, avait, en 1898, d'encourager, de conseiller et de guider des Français, disposés, malgré les plus grands sacrifices, à faire œuvre patrio-tique et à s'efforcer d'acquérir ce qui, en fait, n'avait jamais appartenu à nos adversaires, et était bien *res nullius*.

Enfin, on comprendra aussi la grandeur de l'œuvre accomplie par la mission qu'organisa la Société d'Explorations Coloniales, quand, à l'aide des cartes (1) qui suivent, on l'accompagnera du mois d'août 1899 au mois d'avril 1901, et qu'on aura ainsi parcouru avec elle mille lieues dans l'inconnu.

Alors on pourra, en connaissance de cause, juger s'il est juste qu'un pareil effort tenté et accompli par la France — et avec son argent — profite uniquement à l'Espagne, sans que celle-ci, dans l'espèce, ait jamais rien tenté, rien accompli, et rien déboursé.

---

(1) On n'a mis ici que la carte générale de l'itinéraire parcouru par la mission. Pour la rendre plus lisible, on l'a agrandie en quarante-et-un fragments qu'on trouvera *in fine*,

DEUXIÈME PARTIE

LA THÈSE ESPAGNOLE

LA PREMIÈRE PHASE

a) **Première réponse de l'Espagne.**

On sait déjà, par la lettre qui a été reproduite plus haut, en date du 8 août 1900, et adressée par M. de Leon y Castillo au Président de la Société d'Explorations Coloniales, quel fut le premier mouvement de l'Espagne quand elle apprit que le succès inespéré, remporté par elle le 27 juin, ne devait pas la dispenser de désintéresser ceux au détriment de qui elle s'enrichissait.

Il faut reproduire encore ici ce document, pour bien suivre, dans ses différentes phases, la thèse espagnole :

AMBASSADE D'ESPAGNE. Anglet, le 8 août 1900.

Monsieur Bourdon,
Président de la Société d'Explorations Coloniales,
Paris.

MONSIEUR,

Comme je vous l'indiquais le 26 juillet dernier, j'ai rendu compte à mon Gouvernement de la communication que vous m'avez adressée le 25 du même mois.

M. le Ministre d'État, en m'accusant réception de ma lettre m'expose, que le Gouvernement de Sa Majesté, ayant pris connaissance de la requête présentée, n'y trouve aucun renseignement qui lui permette d'apprécier la valeur des droits que les signataires prétendent avoir acquis, non plus que la situation exacte de l'extension des terrains auxquels ils font allusion, et, que par conséquent le Gouvernement se trouve dans l'impossibilité de répondre, pour le moment, dans la forme voulue. Il peut uniquement vous assurer dès à présent, que l'État Espagnol se réserve intégralement les droits inhérents à la Souveraineté, sur la partie des territoires de la Guinée consignée comme lui appartenant, dans le Traité de délimitation du 27 juin dernier, par lequel la France les lui a officiellement reconnus.

Veuillez agréer, etc....

Signé : F. DE LEON Y CASTILLO.

La lettre qui suit dans le dossier de la *Société d'Explorations Colo-niales*, consacré à sa correspondance avec l'ambassade, saute tout de suite à la date du 5 avril 1901.

C'est que, dans l'intervalle, la question avait été portée devant le Parle-ment français en même temps que celle de la ratification de l'accord signé entre les deux puissances.

Ce n'était pas le tout, en effet, que de voter la convention ainsi inter-venue. Il y avait les droits des tiers à sauvegarder.

On s'en est préoccupé.

b) **Le Parlement français n'oublie pas les intérêts de nos nationaux.**

C'est ainsi que M. Charles Dupuy, dans le rapport qu'il présenta (mars 1901) au Sénat, au nom de la Commission chargée d'examiner le projet de loi relatif au traité du 27 juin, a été amené à faire cette déclaration : « ..... Bien qu'une délimitation de frontière ne puisse modifier d'aucune façon le droit de propriété, ni porter la moindre atteinte aux droits légitimement acquis, quelle que soit la souveraineté sous laquelle s'exercent ces droits, nous avons cependant pris toutes nos mesures pour que nos compatriotes trouvent, sous la domination de l'Espagne, protection et sécurité... »

c) **Quel était à ce moment (mars 1901) la situation de la Société?**

Voilà qui devait tranquilliser (pour le règlement qui l'intéressait) la *Société d'Explorations Coloniales*, à cette heure sortie victorieuse de l'effort qu'elle avait tenté et de la lutte qu'elle avait entreprise contre l'inconnu, *à ses risques et périls*.

Ainsi, ce n'était pas en pure perte qu'elle avait imposé à la mission envoyée par elle dix-huit mois de souffrances, de privations et de dangers, et qu'elle avait dépensé près d'un million.

Elle ne risquait plus de s'entendre dire en cas d'assassinats, de pillage, et d'échec définitif, irréparable : « A vous seule incombait toute la responsa-bilité, sans aucune garantie. Vous êtes partie, à vos risques et périls... »

Non! La mission avait réussi! Elle avait rempli le but qui lui avait été indiqué, parcouru effectivement le chemin tracé par la pensée; elle avait en somme acquis un immense territoire. Les contrats avaient été passés dans la forme prescrite par le Département des Affaires Étrangères, enre-gistrés dans les conditions arrêtées par le ministre des Colonies.

Il ne s'agissait pas d'un échec; elle n'aurait pu faire valoir aucune prétention en droit, sinon en équité! C'était une victoire complète, sans la moindre effusion de sang, et il était de toute justice qu'on se préoccupât de lui en assurer le bénéfice.

En quoi, exactement, ont consisté les mesures prises pour atteindre ce résultat? Quelles ont été les assurances données à M. Charles Dupuy et, partant, au Parlement français, que les droits de nos nationaux seraient respectés? Pourquoi cette promesse, qui a permis aux Chambres de voter l'accord franco-espagnol du 27 juin 1900, n'a-t-elle pas été tenue? C'est justement ce qu'il appartient à la Commission des Affaires extérieures de rechercher.

En tout cas, la *Société d'Explorations Coloniales* n'a pas tardé à s'apercevoir qu'elle allait se heurter à mille difficultés.

C'était un effort, colossal aussi dans son genre, qu'elle allait encore faire pour obtenir justice. Il dure en effet depuis dix ans.

d) Quel était le droit invoqué?

Que s'agit-il donc de reconnaître? Est-ce un droit *éventuel*? Un droit entaché d'une clause restrictive quelconque, soumis à certaine condition potestative, un droit en quelque sorte « en puissance »? Non! il s'agit d'un droit légitimement acquis, et jugé tel, non seulement par ceux qui se sont préoccupés de le faire reconnaître, en 1901, et par ceux qui ont donné, en 1901, l'assurance qu'il serait respecté, mais encore par ceux qui, depuis dix ans, au Département des Colonies, ont soutenu la *Société d'Explorations Coloniales,* et ceux qui, au Département des Affaires Étrangères, avaient jusqu'ici appuyé la réclamation.

Par conséquent, pas de contestation possible: droit légalement obtenu, « authentiqué » pour ainsi dire, par la discussion et le vote de l'accord, comme par les instructions de nos ministres à notre ambassadeur en Espagne, et qui ne saurait désormais être atteint par les opinions plus ou moins autorisées de jurisconsultes plus ou moins improvisés.

e) L'Espagne temporise et cherche à son refus un motif plausible.

Du côté de l'Espagne, si la plus énergique résistance fut en fait opposée aux efforts faits par la Société d'Explorations Coloniales pour ne pas se laisser dépouiller, on fut plus ou moins catégorique dans le refus, plus ou moins préoccupé des apparences, plus ou moins hésitant à tout prendre sans rien donner.

La Société d'Explorations Coloniales avait, dès le début, agi avec la plus entière bonne foi. Elle avait exposé très nettement sa situation à l'ambassadeur d'Espagne en France; elle avait remis au Gouvernement espagnol tout ce que la mission avait fait parvenir à Paris : notamment, les spécimens des minutes géographiques prises au cours de l'exploration, attestant avec quel soin les relevés avaient été faits dans la brousse, et avec quel scrupule les limites des territoires acquis avaient été déterminées; enfin les expéditions notariées des contrats passés par la mission avec les indigènes et enregistrés au greffe de Libreville.

Les documents avaient pour l'Espagne une importance capitale; grâce à eux, elle était parfaitement renseignée sur cette vaste région qui lui était complètement inconnue jusqu'alors, quoiqu'elle ne cessât, depuis plus d'un demi-siècle d'en revendiquer la souveraineté, et cette précieuse autant que généreuse communication de la *Société d'Explorations Coloniales* lui permettait désormais, ce qu'elle aurait été bien embarrassée de faire jamais, d'établir une carte de l'immense territoire qu'elle venait d'obtenir de la générosité de la France.

Elle éprouva donc, pour bien des motifs, quelque gêne à éconduire brutalement la Société qui venait de l'enrichir pareillement.

Elle ne fut intraitable, comme on l'a dit, qu'en droit; c'était, selon elle, au Gouvernement français qui avait pris la responsabilité d'autoriser l'enregistrement de titres de propriété ainsi obtenus qu'incombait aussi la responsabilité de désintéresser ceux au détriment de qui la cession des territoires avait été faite.

Mais cette affirmation de principe une fois admise, elle ne refusait pas de causer.

f) **La Société demanderesse a toujours été prête à examiner toutes les combinaisons.**

La *Société d'Explorations Coloniales* se prêta, elle, à tous les entretiens possibles et ne se refusa jamais à étudier n'importe quelle combinaison. Ce fut en pure perte. Le Gouvernement espagnol se dérobait toujours; la Société comprenait qu'il n'avait probablement qu'un but, décourager ceux qui réclamaient et les faire renoncer à une action en revendication qui, tant qu'elle existait, rendait indisponibles les territoires sur lesquels elle pesait : mais la demanderesse montra une patience exemplaire.

Voilà, dans son ensemble, toute la thèse espagnole dans sa première phase.

Il n'est pas difficile de la qualifier, et le moins qu'on en puisse dire, c'est qu'elle est contraire aux principes les plus élémentaires de l'équité.

Il suffit, pour être de cet avis, de n'être point de parti pris, et de connaître exactement la question.

Pour permettre précisément à la Commission des Affaires extérieures de se prononcer en connaissance de cause, il y a lieu de mettre maintenant sous ses yeux, non point tous les éléments de la correspondance échangée pendant dix ans, mais ceux qui peuvent démontrer — c'est, ne l'oublions pas, le but de cette seconde partie — que, si la promesse faite au Parlement français n'a point été respectée, ce n'est point, dans une mesure quelconque, la faute de la *Société d'Explorations Coloniales*, qui a incontestablement poussé l'esprit de conciliation jusqu'à ses dernières limites, et qui ne saurait être, en définitive, la victime de l'erreur commise par ceux qui ont eu foi ou dans les « engagements » formels ou dans les simples « affirmations » de l'Espagne.

Le 14 octobre 1902, M. William Guynet, qui a été reçu à Madrid, par le Ministre d'État, le duc d'Almadovar, écrit au Président de la Société d'Explorations Coloniales une lettre qu'on ne pouvait prévoir, à cette époque devoir figurer, on l'a déjà fait observer, parmi des documents à communiquer, un jour, à un tribunal quelconque, et qui revêt plutôt un caractère nettement confidentiel, mais par cela même susceptible de mettre sincèrement en lumière toute la question.

Voici cette pièce en son entier :

Madrid, le 14 octobre 1902.

MONSIEUR LE PRÉSIDENT.

Je viens vous rendre compte de la mission dont le Conseil d'administration de la Société d'Explorations Coloniales a bien voulu me charger à Madrid.

Après avoir reçu de notre représentant, M. Comyn, l'assurance que les dispositions bienveillantes du Gouvernement espagnol à notre égard ne s'étaient pas modifiées, je me rendis avec lui chez M. Bosch, qui est le chef du Service colonial au Ministère d'État.

J'avais déjà vu ce haut fonctionnaire avec M. Mols, lors de notre premier voyage à Madrid ; son concours nous était assuré du fait que nous nous étions inspirés de ses conseils en ce qui concerne l'attitude à prendre et l'esprit dont devaient être animées nos lettres officielles.

Dans ce nouvel entretien, j'ai pu constater que ses dispositions à notre égard ne s'étaient nullement modifiées. Une visite à M. le Ministre d'État, S. E. le duc Almadovar, fut décidée et sur le champ nous obtînmes audience.

M. Bosch et M. Comyn furent d'accord pour que, dans cette conversation avec le Ministre d'État, je ne fisse pas sonner trop haut les droits acquis par notre Société, tels qu'ils résultent des contrats d'acquisition passés avec les indigènes. Une attitude plus modeste

4

avait, à leur avis, plus de chance de bien disposer en notre faveur S. E. le duc d'Almadovar.

D'après l'avis de ces Messieurs, c'était auprès du Gouvernement français qui nous avait engagés dans cette affaire, que nous pouvions parler utilement des droits acquis par nous. Ce qu'il importait d'établir en Espagne, c'était le côté sérieux de notre mission dans le contesté, l'intérêt géographique des documents précieux que nous en avions rapportés et la communication, que nous avions faite *bona fide* de tous ces documents au Gouvernement espagnol, qui était ainsi mis au courant par nous des renseignements géographiques concernant la contrée qui venait de lui être attribuée et que nous avions seuls explorée.

Ce fut donc le thème que j'ai développé à S. E. le duc d'Almadovar, lorsqu'il nous fit l'honneur de nous recevoir.

Je lui rappelai le projet de cahier des charges que nous avions remis à son Département lors de notre premier voyage. Dans ce projet nous avions tenu compte des intérêts de la petite colonisation espagnole en limitant notre demande à la région éloignée de 30 kilomètres de la côte.

Nous fîmes comprendre au Ministre d'État que le résultat de notre expérience du pays aboutissait à cette conviction que, seule, une grande Compagnie pouvait exploiter les produits naturels du sol dans une région d'un accès aussi difficile et que, du moment que nous étions disposés à constituer une Société purement espagnole, il y allait réellement de l'intérêt de son Gouvernement que ceux qui avaient acquis au prix de tant d'efforts une connaissance du pays fussent les bénéficiaires de la concession de la Société à créer et y entrassent comme associés.

Il y avait de plus une question de bonne foi en raison de la communication que nous avions faite au Gouvernement espagnol de tous nos documents.

Ceux-ci représentant un sacrifice d'argent considérable, nous devions donc être les bénéficiaires de la concession de cette région sur laquelle nous avons été les premiers à mettre la main. Je ne pouvais pas admettre pour un seul instant que la courtoisie et l'équité du Gouvernement espagnol se prêtassent dans ces conditions à en faire bénéficier d'autres.

S. E. le duc d'Almadovar me répondit qu'il considérait comme la plus heureuse la collaboration que notre expérience permettait d'apporter à la colonisation espagnole, et qu'il serait effectivement contraire à tout principe d'équité que nous ne fussions pas les bénéficiaires de la concession de cette région.

Il nous fit connaître qu'une Commission avait été nommée et allait se réunir très prochainement pour, d'une part, établir les principes suivant lesquels les concessions seraient octroyées dans la région du Mouny et, d'autre part, examiner ensuite les diverses demandes qui se seraient produites.

M. Comyn et moi insistâmes alors sur la nécessité d'une prompte solution non seulement au point de vue de nos affaires suspendues, mais encore au point de vue de l'intérêt même de la nouvelle colonie espagnole.

Actuellement, en raison de l'absence de toute exploitation sur les lieux, le Cameroun draine dans l'hinterland le produit; cette première voie commerciale adoptée par les indigènes, notre Société, une fois en possession de la concession aura d'autant plus de peine à empêcher les indigènes à y persister qu'un retard plus long sera apporté à la modification de la situation actuelle.

Et le duc d'Almadovar nous fit connaître alors qu'il allait prendre les mesures nécessaires pour soumettre, en l'appuyant de toutes les considérations ci-dessus évoquées, notre demande la première à la Commission précitée.

En présence de dispositions si bienveillantes et d'assurances si formelles, il ne restait plus qu'à remercier le Ministre d'État de son gracieux accueil.

Il fut convenu que M. Comyn, avec lequel j'eus à prendre quelques nouvelles dispositions et à fixer certains points de détail, confirmerait à la Société, par écrit, le résultat de mon voyage à Madrid, qu'il considérait comme des plus favorables aux intérêts de notre Société.

Veuillez agréer, Monsieur le Président, l'expression des mes plus dévoués sentiments.

Signé : William GUYNET.

Les négociations sont donc entamées. M. Comyn poursuit ses démarches. Le 31 décembre 1902, il donne des nouvelles intéressantes. L'affaire, ou plutôt la solution, a changé d'aspect. N'importe! La Société est prête à toutes les combinaisons sérieusement présentées. Écoutons, et soulignons en passant la franchise et la loyauté avec laquelle la demanderesse communique tout ce qui peut intéresser la Commission :

Madrid, le 31 décembre 1902.

Monsieur William Guynet,
Administrateur-délégué de la Société d'Explorations Coloniales,
Paris.

CHER MONSIEUR ET AMI,

C'est hier soir de dix heures à minuit qu'a eu lieu la longue et intéressante conférence que je vous avais annoncée avec le Président du Conseil des Ministres, M. Silvela.

Je lui ai exposé la situation de votre Société et vos propositions, lui rendant compte de l'état de l'affaire au Ministère des Affaires Étrangères, de l'attitude du duc d'Almadovar, et de l'opinion de M. Bosch, etc., afin de permettre à M. Silvela de se former une opinion suffisamment complète sur tout ce qui a été fait jusqu'ici.

Je lui ai demandé ensuite quels étaient son avis et les désirs du Gouvernement, en commençant par vérifier si celui-ci s'était déjà occupé de l'importante question de l'avenir de la Guinée espagnole.

Je savais déjà que M. Silvela, qui est un véritable homme d'État, avait étudié tout ce qui concerne les territoires du Mouny, mais j'ignorais jusqu'à quel point était déjà formée, et surtout que l'affaire avait été traitée dès le début, à titre officieux, bien entendu, par les Ministres.

Enfin, M. Silvela est non seulement disposé à étudier de suite la totalité de la question sans perdre un seul jour, mais il est encore résolu de toutes façons, lors de la réunion des Cortès, au mois de mai, à ce que le Gouvernement demande une large autorisation pour résoudre toutes les questions concernant l'avenir des possessions espagnoles du golfe de Guinée, notamment ce qui regarde le territoire du Mouny.

M. Silvela croit que la solution la plus indiquée, cela pour de nombreuses causes, dont beaucoup sont connues et dont il n'y a en tout cas pas lieu de donner maintenant le détail, est une espèce de Compagnie à charte.

Comme vous le voyez, les intentions de M. Silvela entrent entièrement dans notre ordre d'idées. Il va même plus loin encore. De sorte, que nous devons changer de tactique et de système, et moi qui vous conseillais auparavant de restreindre le plus possible vos prétentions, je dois vous inviter maintenant à leur donner une extension considérable.

M. Silvela, et je partage son avis, croit non seulement qu'étant donné l'esprit qui domine ici, il faut avoir absolument l'autorisation législative, mais encore qu'il faut ouvrir un concours, parce que nos coutumes et notre manière d'être rendent pratiquement impossible la concession directe sans concours, qui se pratique ailleurs.

Pour aborder de suite ce qui vous intéresse directement, je dois vous dire que M. Silvela, comme Président du Conseil, ne s'est pas beaucoup préoccupé de la question de droit; il croit donc que nous avons bien fait de donner à ce point de la question l'orientation qui lui a été donnée sur mon conseil.

M. Silvela attache beaucoup de valeur et d'importance aux travaux accomplis, il en a eu connaissance, les plans en mains, et estime équitable, et même juste, que tous ces travaux obtiennent la récompense méritée.

J'ai soumis à M. Silvela plusieurs des intéressantes données que j'ai entendues de vos lèvres dans votre dernière conférence avec le duc d'Almadovar; mais il est évident que je ne suis pas assez au courant de ces choses pour bien les exposer.

Le résultat de notre entretien a été que j'ai proposé à M. Silvela que vous veniez à Madrid conférer avec lui; il m'a répondu que cela lui conviendrait beaucoup et que nous pourrions causer avec lui quand nous voudrions, car il a beaucoup de temps libre, surtout la nuit. De plus, il serait très heureux, au moment du concours, qu'il considère comme certain pour le mois de mai, que le Gouvernement pût compter déjà sur l'existence d'une proposition sérieuse, acceptable, parfaitement étudiée et travaillée. M. Silvela estime qu'il ne peut y avoir personne dans des conditions aussi favorables que vous pour cette affaire, étant donné que les études faites par les missions et la connaissance du pays sont des choses qui ne peuvent s'improviser.

Nous avons examiné les conditions de formation de Société que vous exposez dans votre proposition. M. Silvela les considère dans leur ensemble comme acceptables en principe ; mais il faudrait faire les choses en plus grand pour se charger de la totalité des territoires du Mouny, ce qui nécessiterait une extension beaucoup plus grande du capital prévu et de la Société. Il y aurait en tout cas des conditions spéciales à faire, par exemple, la condition de fournir les ouvriers indigènes nécessaires pour les exploitations de Fernando-Po.

Comme vous le voyez, cher monsieur Guynet, les choses se présentent sous un aspect très intéressant, et je crois, selon toutes probabilités, qu'elles peuvent arriver à bonne fin ; mais il vous faudrait réunir sans tarder de plus grands éléments et venir, au plus tôt, vous entretenir avec M. Silvela.

Je crois enfin qu'il faut faire vite et grand, et c'est pour cela que je vous propose de venir ici le plus tôt possible avec M. le baron Eetvelde et M. Mols.

Je ne puis évidemment pas vous affirmer le succès de l'affaire, mais je le répète, je crois que vous avez les plus grandes chances de réussir.

Je m'empresse de vous communiquer ces importantes nouvelles que je considère comme excellentes, et je désire vivement que vous me disiez sans perdre de temps si cela modifie vos projets relatifs à l'Assemblée générale du 10.

Le temps me semble court pour vous permettre de venir avant cette date, mais, d'autre part, il serait fâcheux d'attendre qu'elle soit passée. Ne pourriez-vous retarder de huit ou dix jours cette Assemblée générale ? Cela permettrait d'étudier l'affaire ici et de se mettre d'accord sur la marche à suivre ; vous pourriez présenter à votre Assemblée générale ce qui aurait été établi ici en principe.

Veuillez agréer, cher Monsieur et ami, l'assurance de mes sentiments les meilleurs.

Signé : A. Comyn.

Hélas ! Le temps n'a manqué à personne pour étudier l'affaire et, ce qui est certain, c'est qu'on ne peut reprocher à la Société d'avoir par son impatience compromis sa cause ; il est non moins sûr, et il importe de le noter tout spécialement, qu'elle n'a jamais cessé d'agir en conformité de vues de tous les instants avec le Gouvernement français.

Le 13 juin 1902, elle écrivait au Ministre des Colonies :

Paris, le 13 juin 1902.

A Monsieur le Ministre des Colonies,
Paris.

Monsieur le Ministre,

Nous avons l'honneur de vous informer que le récent voyage de deux Administrateurs de notre Société à Madrid, a eu pour effet d'ouvrir les négociations en vue du règlement, par le Gouvernement espagnol, de la situation de la Société d'Explorations Coloniales dans la partie de l'ancien contesté au nord du Gabon, attribuée à l'Espagne par la convention du 27 juin 1900.

Nous vous serions reconnaissants, monsieur le Ministre, en informant M. le Ministre des Affaires Étrangères de ces pourparlers, et en l'assurant à nouveau du prix que vous attachez à ce qu'une solution intervienne la plus prompte et la plus favorable possible aux intérêts français, représentés par notre Société, qui se sont engagés dans cette entreprise, à l'instigation de votre Département, et dans des conditions tout à fait exceptionnelles, de lui demander également de continuer à vous tenir au courant des dispositions du Gouvernement espagnol à notre endroit, au fur et à mesure qu'elles se manifesteront au cours des négociations.

Vous auriez aussi la possibilité de nous faire connaître ces dispositions et de nous fournir une précieuse indication pour nos revendications.

Nous vous remercions, monsieur le Ministre, du témoignage tout particulier que vous continuerez à nous donner ainsi de l'intérêt que vous portez à notre situation, et vous prions d'agréer l'assurance de notre plus profond respect.

Signé : William Guynet.

Le 4 novembre 1902, M. Doumergue adressait à la Société la lettre suivante :

MINISTÈRE
DES COLONIES

RÉPUBLIQUE FRANÇAISE

1re Direction
1er Bureau

*Règlement de la situation
de la Société
avec le Gouvernement espagnol.*

Paris, le $\frac{4}{399}$ novembre 1902.

Monsieur l'Administrateur délégué de la Société d'Explorations Coloniales, Paris.

MONSIEUR,

Comme suite à ma lettre du 23 octobre dernier, n° 579, j'ai l'honneur de vous informer que M. le Ministre des Affaires Étrangères vient de me faire connaître qu'il n'a reçu de notre ambassadeur à Madrid aucune nouvelle communication concernant le règlement de la situation de la Société d'Exploration Coloniales, dans les territoires reconnus à l'Espagne par la Convention du 27 juin 1900.

M. Delcassé ajoute qu'il a rappelé à notre représentant à Madrid les instructions qu'il lui avait précédemment adressées sur cette affaire.

Recevez, Monsieur, les assurances de ma parfaite considération.

Le Ministre des Colonies,
Signé : Gaston DOUMERGUE.

Le 21 février 1903, le Ministre des Colonies était plus précis. Il disait :

MINISTÈRE
DES COLONIES

N° 42.

RÉPUBLIQUE FRANÇAISE

4re DIRECTION
1er BUREAU

Règlement de la situation
de la Société
avec le Gouvernement
espagnol

Paris, le $\frac{21}{135}$ février 1903.

Monsieur l'Administrateur délégué de la Société d'Explorations Coloniales, Paris.

MONSIEUR,

Comme suite à mes précédentes communications concernant le règlement de la situation de la Société d'Explorations Coloniales dans les territoires reconnus à l'Espagne par la Convention du 17 juin 1900, j'ai l'honneur de vous faire connaître que notre Ambassadeur à Madrid vient d'entretenir M. le Ministre des Affaires Étrangères de cette question.

Il résulte du rapport de M. Cambon que la requête de la Société et tous les documents qui l'appuient sont, depuis le mois de septembre 1901, entre les mains du Comité d'étude pour l'Exploitation des Colonies espagnoles institué l'an dernier et qui se réunit tous les huit jours au Ministère d'État. Le Comité en question n'aurait pas encore formulé ses conclusions à l'égard de ladite requête, mais notre Ambassadeur vient de lui signaler le prix qu'attache mon Département à voir donner à cette affaire une solution dans le plus bref délai possible.

Recevez, Monsieur, les assurances de ma parfaite considération.

Le Ministre des Colonies,

Signé : Gaston DOUMERGUE.

Quant à l'avocat-conseil à Madrid de la *Société d'Explorations Coloniales*, il écrivait qu'il s'employait continuellement à faire avancer le règlement de la question. Aussi la Société fut-elle profondément étonnée quand, en guise de solution, elle apprit par une lettre du 14 juillet 1904, la décision qu'avait prise le nouveau ministre Rodriguez de San Pedro :

SALON DEL PRADO, 12
MADRID

Le 14 juillet 1904.

Monsieur Villiam Guynet,
64, rue de la Victoire, Paris.

CHER MONSIEUR,

Enfin, je puis vous dire quelque chose de définitif sur les affaires de la Société d'Études Coloniales.

Vous trouverez ci-joint le *Journal officiel* qui contient, entre autres points, la nouvelle organisation de la propriété dans la Guinée espagnole. Vous trouverez dans plusieurs articles et notamment dans ceux que j'ai signalés, des *allusions* à votre réclamation, c'est-à-dire au cas de la Société d'E. C.

M. Rodriguez de San Pedro est un homme qui a des idées à lui et qui s'y cramponne.

J'ai eu dernièrement un long entretien avec lui à propos de tout cela. La discussion a été même vive et il ne veut pas même admettre la discussion de votre *droit* (en cela nous sommes d'accord, lui et moi), mais il ne veut pas admettre non plus la nécessité, l'utilité du moins de tenir compte de vos travaux et il croit avoir fait beaucoup en établissant les toutes petites réserves que vous trouverez dans le *Journal officiel*.

Le Ministre verrait avec plaisir que, moyennant une combinaison quelconque, vous eussiez des chances de vous rembourser, mais sans que le Gouvernement fasse rien de sa part. C'est en tout cas, d'après lui (en cela je suis aussi d'accord), au Gouvernement français de vous dédommager.

M. de San Pedro se montre très *surpris* de l'insistance de la Société. Il n'a aucune intention de donner une résolution spéciale à votre requête. Enfin le décret du 11 courant contient son dernier mot.

Maintenant, du moins, nous sommes sortis de la période des doutes, nous sommes fixés, c'est déjà quelque chose.

Examinons maintenant le décret :

Vous pouvez demander par l'article 5 et suivant, si vous vous trouvez dans les conditions prévues, jusqu'à 100 hectares. Ceci pour vos postes et autres propriétés foncières, si vous en avez.

Quant à l'exploitation des produits naturels des forêts, il faudrait demander la concession de nouveau ; notez deux choses, l'une que la concession supérieure à 10.000 hectares doit être faite par le Gouvernement, l'autre que les Sociétés étrangères sont admises aux concessions dans des conditions assez raisonnables.

Ce décret est trop important pour être examiné légèrement. Veuillez bien l'étudier, je ferai de même de mon côté et puis nous verrons ce qu'il y a à faire. A mon avis, la Société doit, en vue de ce décret, présenter au Ministre une nouvelle requête. Un autre jour, je vous indiquerai les lignes générales.

Je ne suis nullement d'accord avec la tendance des idées du Ministre. Le décret, très honnêtement étudié, est trop compliqué et trop peu pratique et je crains plus encore son application.

Le Ministre a eu le soin de le publier le jour même de la fermeture des Cortès où il sait qu'il sera discuté et critiqué ; toutefois, j'estime que c'est un progrès, un point de départ pour mieux faire.

La glace est rompue, on peut penser à naviguer ; enfin, nous verrons.

Au plaisir de vous lire, croyez-moi votre bien dévoué.

Signé : A. Comyn.

La Société ne se borna pas à manifester son étonnement à l'avocat espagnol dont l'opinion s'était si subitement modifiée. Elle porta les fameux décrets royaux du 12 juillet à la connaissance du Gouvernement français, ceux-là mêmes que six ans plus tard lui communiquera, comme si elle les ignorait, M. Pichon.

Elle dit au Ministre des Affaires Étrangères :

SOCIÉTÉ
D'EXPLORATIONS COLONIALES   Paris, le 21 septembre 1904.

OBJET :
Société d'Explorations Coloniales.
Ex-contesté franco-espagnol.

2 annexes.

Monsieur le Ministre des Affaires Étrangères, Paris.

Monsieur le Ministre,

Nous avons eu l'honneur, par notre lettre du 21 juin dernier, d'attirer de nouveau votre bienveillante attention sur la situation de la Société d'Explorations Coloniales, en ce qui concerne les droits de propriété qu'elle a acquis sur les territoires du Gabon compris dans la région cédée à l'Espagne par la Convention du 27 juin 1900.

Nous résumions dans cette lettre les efforts que nous avions faits, depuis près de trois ans, pour obtenir du Gouvernement espagnol une solution équitable; et, vous rappelant les assurances que vous aviez bien voulu à diverses reprises donner tant à M. le Ministre des Colonies qu'à nous-mêmes, de faire seconder nos efforts par l'action de M. l'Ambassadeur de France à Madrid, nous vous demandions instamment de vouloir bien obtenir du Gouvernement royal une réponse catégorique.

Nous n'avons pas eu l'honneur d'être renseignés par votre Département sur le résultat de la démarche suprême que nous vous avions prié de tenter; et, si le Gouvernement espagnol a laissé également nos réclamations sans réponse, après nous avoir invités à l'en saisir, nous avons du moins été avisés, par le représentant de notre Société à Madrid, que de nouveaux décrets royaux avaient été pris dans le courant de juillet dernier pour organiser les services administratifs dans les possessions espagnoles du golfe de Guinée et régler les questions de propriété dans la nouvelle colonie espagnole.

Nous nous permettons de vous adresser aujourd'hui sous ce pli le numéro de la *Gazette de Madrid* du 12 juillet dernier, qui contient cette nouvelle réglementation, et d'y joindre la traduction en français des passages qui intéressent notre cas.

Il vous sera facile, monsieur le Ministre, de constater que cette réglementation aboutit à une spoliation complète des droits de propriété que nous avons acquis sur ces territoires au moyen de contrats passés avec les indigènes à l'instigation de M. le Ministre des Colonies dès 1899, dûment enregistrés à Libreville, et sous la forme et avec les garanties indiquées par le Département des Colonies.

En effet, l'article 5 du Chapitre III du décret promulguant le Code civil dans la Colonie Espagnole, article qui a pour rubrique « Acquisitions de Particuliers non indigènes antérieures au présent décret », dénie toute valeur non seulement à la simple possession, mais encore à la concession obtenue des Autorités françaises alors qu'elles se trouvaient établies en territoire devenu espagnol, et aux contrats passés avec les indigènes antérieurement à la promulgation de ce décret dans les territoires du golfe de Guinée.

Cet article est si manifestement en contradiction avec le dernier paragraphe du rapport de M. Charles Dupuy (8 mars 1901) à la Commission du Sénat chargée d'examiner le projet de loi portant approbation de la convention franco-espagnole, que nous ne saurions protester trop énergiquement contre une mesure qui n'a été prise que pour nous faire perdre le bénéfice de nos efforts et des sacrifices que nous avons consentis, et écarter toute revendication de notre part.

Nous prenons la liberté de vous rappeler ici les termes dans lesquels est conçue la déclaration précitée de M. Charles Dupuy :

« Bien qu'une délimitation de frontière ne puisse modifier aucunement le droit de propriété, ni porter atteinte à des droits légitimement acquis, quelle que soit la souveraineté sous laquelle ces droits s'exercent, nous nous sommes cependant assurés que nos compatriotes trouveraient, sous la domination de l'Espagne, protection et sécurité. »

Les articles suivants du décret royal prévoient bien, il est vrai, que les détenteurs de terrain avant la Convention, ont une année à partir de la promulgation du décret pour solliciter la confirmation de leurs titres. Mais cette nouvelle propriété, outre qu'elle est limitée à 100 hectares, ne peut s'acquérir qu'à la condition de justifier d'établissements existants et d'exploitations en cours, et encore nécessite-t-elle un nouveau débours de 15 pesetas par hectare.

Ce n'est donc point la validité des titres de propriété qui se trouve contestée, mais la propriété elle-même qui est infirmée, puisque la reconnaissance en est subordonnée à des conditions qui ne sont pas dans son essence, telles que la remise d'un nouveau prix et l'occupation effective.

Le Gouvernement espagnol va même jusqu'à refuser, à un arrêté de concession définitive rendu par le Gouvernement du Congo français dans la forme voulue, une valeur quelconque. Il commence par en supprimer l'effet, sauf à le faire renaître avec des restrictions abusives.

Nous ne saurions trop répéter que cette législation est en contradiction avec les assurances données par M. Charles Dupuy dans son rapport, et que les ressortissants français ne trouvent pas, dans ces conditions, la sécurité et la protection qui sont le droit naturel, et que visait si justement le rapporteur de la Commission au Sénat.

En ce qui nous concerne, nous perdrions, si ce décret ne motivait pas, de la part de votre Département, une intervention efficace, le bénéfice de tous les efforts que nous avons faits, et des sacrifices pécuniaires s'élevant à 750.000 francs dont nous avons eu le soin de remettre la justification, à diverses reprises, au Département des Colonies, et que nous avons consentis à l'instigation de M. le Ministre des Colonies. Bien plus, nous avons remis au Gouvernement espagnol, sur sa demande, tant par l'entremise de M. l'Ambassadeur de France à Madrid que par la voie de votre Département, outre l'expédition notariée de tous nos contrats avec les indigènes, dûment enregistrés, tous les travaux géographiques et autres, cartes, plans, relevés, renseignements commerciaux, etc., que la mission envoyée par notre Compagnie a pu rapporter pendant les trois années consacrées à la reconnaissance de ces territoires avant elle inexplorés.

Le Gouvernement espagnol a retenu ces documents, les a fait figurer sur ses nouvelles cartes officielles et ne peut manquer par la suite d'en faire son profit pour la mise en valeur de sa nouvelle colonie, et non seulement nous serions dépouillés de la propriété résultant de nos contrats d'acquisition, mais encore le Gouvernement espagnol se serait documenté sur sa nouvelle possession grâce à nos travaux si chèrement élaborés et que nous lui avons remis en toute confiance, sans que nous puissions obtenir de lui la moindre compensation.

Nous pouvons d'autant moins croire à un tel déni de justice, que nous avons reçu, dans les divers voyages faits à Madrid par nos Administrateurs, des assurances absolument contraires de la part du Ministère d'État.

Nous espérons, monsieur le Ministre, que vous n'hésiterez pas à nous maintenir l'appui que vous nous avez prêté jusqu'à ce jour sur la demande du Département des Colonies, qui sait le but que nous avons poursuivi à son instigation et n'ignore pas dans quelles conditions nous avons été amenés, sur ces encouragements, à consentir à un sacrifice qui s'élève à plus de 750.000 francs, et nous sommes convaincus que nos revendications seront d'autant plus vigoureusement soutenues qu'en somme notre Société est, dans la circonstance, victime de la plus complète des spoliations de la part du Gouvernement espagnol.

Veuillez agréer, etc.

L'Administrateur délégué,

Signé : William GUYNET.

Et, le même jour, elle écrivait au Ministre des Colonies :

SOCIÉTÉ
D'EXPLORATIONS COLONIALES

N° 46.

OBJET :
Société d'Explorations Coloniales.
Ex-contesté franco-espagnol.

Paris, le 21 septembre 1904.

Monsieur le Ministre des Colonies, Paris.

MONSIEUR LE MINISTRE,

Nous avons l'honneur de vous adresser sous ce pli :

1° Une copie de notre lettre du 21 juin 1904 à M. le Ministre des Affaires Étrangères ;

2° Une copie de notre lettre du 21 septembre 1904 à M. le Ministre des Affaires Étrangères ;

3° Un numéro de la *Gazette de Madrid* du 12 juillet 1904, contenant les décrets royaux afférents à l'organisation des services administratifs et à la réglementation de la propriété dans les possessions espagnoles du golfe de Guinée ;

4° Une traduction en français des passages principaux intéressant le cas de la Société d'Explorations Coloniales.

Nous ne revenons pas sur les termes de notre lettre du 21 septembre à M. Delcassé, qui résument la situation faite à la Société d'Explorations Coloniales et vous montrent la spoliation absolue dont nous sommes victimes.

Vous nous avez toujours donné votre appui dans cette affaire auprès du Département des Affaires Étrangères ; aujourd'hui plus que jamais, il est du plus grand intérêt pour nous que vous interveniez auprès de M. Delcassé pour tâcher d'atténuer, dans la mesure compatible avec les exigences diplomatiques, le préjudice énorme qui nous est causé.

Nous ne voulons pas insister, confiants dans votre haute équité ; nous nous bornons à vous prier de bien vouloir vous faire remémorer les origines de cette affaire, et ce seul rappel des circonstances qui ont présidé à la constitution de notre Société, à l'élaboration du programme arrêté avec M. Guillain, et du but éminemment français que nous avons poursuivi, en la circonstance, sur sa demande, ne pourra qu'augmenter l'intérêt dont vous avez déjà donné à notre Société de si nombreux témoignages, et vous amener à une intervention efficace auprès de M. le Ministre des Affaires Étrangères.

Veuillez agréer, monsieur le Ministre, l'expression de notre plus profond respect.

L'Administrateur délégué,

Signé : William GUYNET.

Une lettre de la Société au Département des Affaires Étrangères, en date du 18 mars 1905, indique quelles ont été les suites de cette protestation :

SOCIÉTÉ
D'EXPLORATIONS COLONIALES

Paris, le 18 mai 1905.

OBJET :

Ex-contesté franco-espagnol.
Réclamations de la Société d'Explorations Coloniales.

A Monsieur le Ministre des Affaires Étrangères, Paris.

MONSIEUR LE MINISTRE,

Par notre lettre du 21 septembre dernier, dont nous vous remettons ci-joint copie, nous avons eu l'honneur de vous prier d'intervenir auprès du Gouvernement espagnol à l'effet d'être fixés sur les dispositions dudit Gouvernement en ce qui touche les droits de propriété acquis par notre Société, antérieuremt à la convention du 27 juin 1900, sur les territoires du Gabon compris dans la région de l'Ancien Contesté cédé à l'Espagne.

M. le Ministre des Colonies, par ses lettres du 11 et 14 octobre dernier, a bien voulu nous faire connaître que vous aviez invité notre Ambassadeur à Madrid à insister d'une manière pressante auprès du Gouvernement espagnol pour que celui-ci fasse connaître à brève échéance les intentions dont il était animé à notre égard.

Dès lors, et bien qu'anxieux de recevoir cette réponse, il ne nous restait plus qu'à attendre avec confiance le résultat de votre haute intervention, et nous ne nous serions pas encore départis de cette attitude expectante, si un fait nouveau, auquel nous attachons la plus grande importance ne s'était tout récemment produit :

Le Décret royal du 9 mars 1905, dont nous vous remettons inclus un exemplaire, accompagné de sa traduction, semble en effet régler de façon définitive, par voie d'adjudication fixée au 15 mai prochain, la mise en valeur des territoires sur lesquels nous avons acquis des droits de propriété; mais vous remarquerez comme nous, monsieur le Ministre, qu'il n'y est pas fait la moindre mention de la compensation à laquelle nous sommes légitimement en droit de nous attendre.

En présence de la grave situation que crée pour nous ce récent décret, nous nous permettons d'insister tout particulièrement auprès de vous, monsieur le Ministre, pour que vous invitiez de toute urgence notre Ambassadeur à Madrid à faire une nouvelle démarche auprès du Gouvernement espagnol, afin que nous ne soyons dépouillés ni des territoires régulièrement acquis, ni du fruit de nos travaux, sans qu'une compensation légitime soit obtenue pour les sacrifices si importants que nous avons consentis.

Veuillez agréer, monsieur le Ministre, l'assurance de notre plus profond respect.

Le Ministre des Affaires Étrangères ne resta pas inactif et le 18 mai 1905 la Société l'en remerciait vivement en appelant son attention sur un nouveau document espagnol :

SOCIÉTÉ
D'EXPLORATIONS COLONIALES .

OBJET :

Ex-contesté franco-espagnol.
Réclamations de la Société d'Explorations Coloniales.

Paris, le 18 mars 1905.

A Monsieur le Ministre des Affaires Étrangères, Paris.

MONSIEUR LE MINISTRE,

... Par dépêche du 13 avril, M. le Ministre des Colonies a bien voulu nous faire connaître que, par communication du 4 mars, vous lui aviez fait savoir que M. Cambon venait de remettre au Ministre d'État espagnol un mémoire relatif à notre réclamation.

Nous ne saurions trop vous exprimer notre reconnaissance pour l'appui si précieux que vous avez bien voulu nous prêter en soutenant la plus légitime des revendications à un moment où ayant épuisé, personnellement, tous les pourparlers avec le Gouvernement espagnol, nous ne pouvons plus avoir d'espoir que dans une solution qui interviendrait à la suite de négociations exclusivement diplomatiques.

S'il nous paraît certain que le Décret royal du 9 mars 1905 a donné lieu de la part de votre Département à une protestation, nous ne doutons pas qu'il en sera de même en ce qui concerne la note ci-jointe que nous avons l'honneur de vous remettre aujourd'hui à titre de document, qui circule depuis quelques jours dans les milieux financiers.

Sous une forme nouvelle, autre que celle indiquée par le décret précité, cette note implique l'abandon au profit d'un grand dignitaire de la Cour d'Espagne, le maréchal Weyler, des territoires du Mouny sur lesquels nous avons acquis des droits de propriété, et, dans ces conditions, nous ne pouvons que nous borner à renouveler notre énergique protestation, en nous en remettant à vous pour la défense de nos droits. Il vous suffira, d'ailleurs, de lire le dernier paragraphe de cette note pour vous rendre compte que ce ne sont pas seulement les intérêts d'une Société française qui sont ainsi sacrifiés, mais encore les intérêts de la région nord du Congo, le concessionnaire en question ne cachant pas son intention de profiter de la différence de régime douanier pour porter un préjudice considérable à notre colonie.

Veuillez agréer, monsieur le Ministre, l'assurance de notre profond respect.

Le Président du Conseil d'administration.

Signé : William GUYNET.

Copie de la note :

Le maréchal Y..., grand dignitaire de la Cour d'Espagne, a la promesse du Gouverne-ment espagnol, qui veut le récompenser de ses services, de la concession, à titre de charte, du territoire de la Guinée espagnole, appelé aussi territoire du Mouny, et qui a été rétrocédé à l'Espagne par la France en vertu d'un traité conclu en 1900.

Ce territoire est enclavé entre le Cameroun allemand et le Congo français, au nord de Libreville; sa superficie est de 28.000 kilomètres carrés, soit 2.800.000 hectares, avec un développement de côté de 120 kilomètres; Bata est sa capitale, ainsi que son principal port.

Cette colonie présente toutes les ressources d'exploitation des Congo français et belge avec une plus grande richesse, savoir : des cultures riches, telles que cacao, café, vanille, arbres à caoutchouc et surtout l'herbe à caoutchouc, qu'on y trouve à profusion.

Des cultures vivrières, telles que mil, maïs, manioc, arachie; le coton, les essences forestières, telles que l'acajou et surtout l'ébène.

Enfin, des gisements miniers, et en particulier du cuivre, sont les richesses exceptionnelles.

La Guinée espagnole, ne faisant pas partie des territoires soumis aux conventions du traité de Berlin, jouit d'une liberté douanière qui ne met aucune entrave à l'entrée et à la sortie des marchandises.

Le maréchal Y..., ne pouvant exploiter lui-même cette concession, dont la durée serait de 99 ans, offre à une Société française de se substituer à lui.

Il n'a pas encore fait signer par le roi l'acte de concession, voulant laisser à ceux qui doivent se substituer à lui le soin de fixer eux-mêmes leurs conditions; mais le texte porterait les conditions principales suivantes :

Le concessionnaire serait autorisé à s'établir sur le territoire, à en exploiter le sol et le sous-sol, les lignes de navigation maritime et fluviale, les voies de communication, chemins de fer, etc.

La Société, substituée au concessionnaire, s'administrera elle-même et créera ses organismes au fur et à mesure de son développement.

Le Gouvernement local, exercé par le directeur de la Société, sous le contrôle de la Couronne, pourra édicter des ordonnances ayant force de loi.

Elle organisera et entretiendra sa propre police, tant pour la sauvegarde de l'ordre, la protection des personnes et des biens, la sécurité des transactions, que pour la recherche des infractions à la loi pénale, pour en livrer les auteurs au pouvoir judiciaire, qui appartient à la Couronne.

La Société aura le droit de créer telles lignes de navigation maritime qu'elle jugera nécessaires, de traiter pour son fret avec telle Compagnie qu'elle choisira; elle exécutera à la fois tous travaux de port, de phare, de pilotage, de dragage, mais par contre elle en percevra les droits. Elle aura toute faculté de concéder ou d'exploiter toutes voies de communication par terre et tous chemins de fer qu'elle jugera utiles à l'intérêt général de la colonie et aux intérêts locaux. Elle pourra céder ses droits à des Sociétés existantes et à créer pour la construction et l'exploitation de ces voies.

L'organisation et l'exploitation des services postaux et télégraphiques, tant locaux qu'internationaux, incombent également à la Société, qui en aura la charge et les bénéfices.

Pour les exportations et importations de provenance ou à destination de pays étrangers, la Société établira elle-même son régime douanier.

Pour les exportations, la Société jouira vis-à-vis de l'Espagne d'un régime de faveur pour toutes les marchandises provenant d'Espagne.

La Société assurera par ses moyens la perception des droits de douane à l'entrée et à la sortie, et ces droits rentreront dans le chiffre des bénéfices de la Société.

La Société ayant en délégation les pouvoirs de l'État devra en remplir les obligations, notamment en ce qui concerne la protection des indigènes, l'amélioration des conditions de la famille, l'instruction, la réglementation des contrats de service entre noirs et non-indigènes, l'accession de l'élite de la population noire à la pleine jouissance des droits civils, etc.

D'après ce qui précède, on peut voir que la Société aura les droits de suzeraineté dans toute l'étendue de la concession. Les conditions auxquelles le Gouvernement espagnol accorderait cette concession au maréchal Y... ne sont pas établies définitivement ; les bases données comme aperçu de cet accord seraient les suivantes :

Capital de la Société : 20 millions de francs, dont un quart versé dans un délai de .... mois à dater de la promulgation du décret de la concession.

Conseil d'administration composé de quinze membres, dont le président et quatre membres seront de nationalité espagnole.

La Société pourra émettre un chiffre d'obligations d'un montant égal au capital espèces.

La Société versera au Gouvernement espagnol les redevances annuelles suivantes :

0 fr. 05 c. par hectare et par an pendant les cinq premières années, à dater de 1907, soit 140.000 francs ; 0 fr. 125 par hectare pendant les cinq années suivantes, soit 350.000 francs ; 0 fr. 25 c. pour les cinq années suivantes, soit 700.000 francs ; 0 fr. 50 c. pendant le reste de la durée de la concession, so t 1.400.000 francs ; 15 0/0 des bénéfices nets de la Société après déduction :

1° Des frais généraux d'administration ;

2° De l'intérêt à 5 0/0 du capital de la Société ;

3° De l'intérêt et de l'amortissement des obligations ;

4° De la réserve légale jusqu'à concurrence d'un quart du capital espèces ;

5° De l'intérêt des valeurs déposées en cautionnement.

Il sera versé un cautionnement de .... francs, en valeurs agréées par le Gouvernement dans une banque d'État espagnole, dont les revenus seront perçus par la Société.

A l'expiration de la concession, le territoire de la concession fera retour au Gouvernement espagnol, mais la Société concessionnaire conservera en toute propriété :

1° Les terres construites sur un dixième au moins de leur superficie ;

2° Les terres cultivées en culture riche (cacao, vanille, caoutchouc) sur un vingtième au moins de leur superficie ;

3° Les terres cultivées en cultures vivrières (mil, riz, manioc) sur un dixième au moins de leur superficie ;

4° Les mines en état d'exploitation régulière.

Quant au matériel fixe ou mobile sur lequel le Gouvernement espagnol se réserve main prise en raison d'utilité publique ou d'intérêt général, la valeur du rachat sera fixée à dire d'experts.

Un syndicat financier qui serait disposé à faire cette affaire aurait à envoyer les délégués à Madrid pour traiter avec le maréchal Y... des conditions définitives de son acceptation aux clauses de la concession.

La Société ainsi en possession de cette concession formerait aussitôt des Sociétés filiales pour l'exploitation partielle de la concession : caoutchouc, mines de cuivre, postes et télégraphes (création d'un timbre-poste, dont la vente des séries constitue un revenu immédiat de 3 millions de francs) :

Établissement d'un port avec quais, droits de phare, service de cabotage et de messagerie fluviale, concession de pistes carrossables et de magasins généraux, lignes ferrées, service de douane, etc.

La concession est située entre le Cameroun allemand et le Congo français ; par suite des libertés qui seront données au commerce, il est certain que les commerçants qui ont des Comptoirs dans les Colonies voisines viendront de préférence s'installer sur son territoire.

Le **28 juin**, la Société recevait de M. Clémentel, Ministre des Colonies, une lettre qui pouvait lui faire croire que la solution était enfin sur le point d'être atteinte :

MINISTÈRE
DES COLONIES

RÉPUBLIQUE FRANÇAISE

Contesté franco-espagnol.

Paris, le 28 juin 1905.

Monsieur le Président de la Société d'Explorations Coloniales.

MONSIEUR,

J'ai l'honneur de vous faire connaître que j'ai attiré la bienveillante attention de M. le Président du Conseil, Ministre des Affaires Étrangères, sur la lettre que vous avez, à la date du 18 mai, adressée à mon Département.

Je saisis cette occasion pour vous faire savoir que le Gouvernement espagnol semble disposé à reconnaître les droits des tiers sur les territoires qui lui ont été concédés par l'accord du 27 juin 1900.

En effet, dans un ordre royal du 28 avril dernier fixant le chiffre de la caution à fournir pour prendre part au concours prévu par le décret du 10 mars dernier, il est spécifié que « le concessionnaire de tout ou partie des territoires en question sera tenu de respecter les droits légitimement acquis par ces particuliers, quelles que soient la race ou la nationalité de ces particuliers ».

Il est permis de voir dans cet ordre royal, sur la portée duquel le Gouvernement espagnol a d'ailleurs été pressenti, un commencement de satisfaction donnée à vos revendications.

Je ne manquerai pas de vous tenir au courant des renseignements que pourra me transmettre M. le Ministre des Affaires Étrangères.

Recevez, etc.

Le Ministre des Colonies,
Signé : CLÉMENTEL.

Hélas ! deux mois après, la Société était fixée sur les véritables intentions de l'Espagne : le 22 septembre 1905, en effet, M. Clémentel lui adressait la lettre suivante :

MINISTÈRE
DES COLONIES

1ʳᵉ DIRECTION
1ᵉʳ BUREAU

Réclamations à l'occasion
du contesté franco-
espagnol.

RÉPUBLIQUE FRANÇAISE   N· 57.

Paris, le 22 septembre 1905.

Monsieur le Président de la Société d'Explorations Coloniales, Paris.

MONSIEUR,

J'ai l'honneur de vous faire connaître que je viens de recevoir par l'intermédiaire du Département des Affaires Étrangères, communication de la réponse du Cabinet de Madrid à vos réclamations. Celui-ci dénie, en substance, à la Société, tous droits sur les terrains cédés à son représentant par les indigènes du Mouny et conclut au rejet pur et simple de ses prétentions.

La thèse que soutient le Gouvernement espagnol tend à limiter à la capacité de culture de l'indigène le territoire qu'il peut posséder et refuse aux chefs indigènes le droit d'aliéner cette propriété au nom de la communauté. Il objecte, en conséquence, que les traités passés par la Société d'Explorations Coloniales n'avaient qu'un but : créer au profit de la Société un monopole commercial, puisque rien n'était changé dans la situation de l'indigène; or, l'attribution d'un pareil monopole ne saurait appartenir, d'après le Gouvernement espagnol, qu'au Souverain et non aux propriétaires.

Enfin, il conteste la valeur de ces contrats, alléguant (1) qu'ils n'ont pas été traduits dans la langue des indigènes, et que ceux-ci, dans ces conditions, n'en auraient pas eu connaissance. Ce seraient là des cas de nullité qui suffiraient à les rendre caducs. En terminant, M. le Ministre des Affaires Étrangères de Madrid trouve exagérée l'étendue des territoires réclamés (2) (180.000 hectares) et affirme que les cent cinquante chefs indigènes contractants ne peuvent posséder une superficie pareille.

En portant les arguments du Gouvernement espagnol à votre connaissance, je ne puis que vous inviter à me faire parvenir le plus tôt possible, un nouveau mémoire afin de me permettre de le communiquer, avec les observations de mon Département au Ministère des Affaires Étrangères.

Recevez, Monsieur, les assurances de ma parfaite considération.

Le Ministre des Colonies,
Signé : CLÉMENTEL.

(1) Allégation inexacte du Cabinet de Madrid, qui savait pertinemment que les contrats avaient été traduits aux intéressés, avant signature, par l'interprète de la mission.

(2) Autre inexactitude : le Gouvernement espagnol, à qui la Société avait communiqué tous ses documents, savait que l'étendue des territoires acquis étaient bien supérieure.

Ce nouveau mémoire fut rédigé aussitôt : mais il resta à l'état de projet. De graves événements avaient troublé la situation internationale et la conférence d'Algésiras obligeait la France à une extrême prudence dans ses relations avec l'Espagne.

La lettre suivante de M. Milliès-Lacroix, du 6 février 1907, indique dans quelles conditions l'étude de la question fut reprise et l'idée d'un recours au tribunal arbitral de La Haye suggérée par M. Cambon notre ambassadeur à Madrid :

MINISTÈRE
DES COLONIES
              RÉPUBLIQUE FRANÇAISE   N· 59.

Réclamations
de la
Société d'Explorations Coloniales.
                                       Paris, le 6 février 1907.

MONSIEUR

Par votre lettre du 23 juillet 1906, vous avez prié mon prédécesseur de vous faire savoir si votre Société pouvait procéder à la rédaction d'un nouveau mémoire relatif aux réclamations qu'elle croit devoir formuler contre le Gouvernement espagnol, les circonstances d'ordre diplomatique qui rendaient impossible une discussion approfondie sur cette question à la veille de la conférence d'Algésiras s'étant modifiées.

Vous étiez désireux de connaître s'il ne s'était pas produit aucun fait nouveau en ce qui touche cette affaire et si, depuis la dernière communication qui lui avait été faite, aucun échange n'avait eu lieu entre le Département des Affaires Étrangères et le Cabinet de Madrid.

M. le Ministre des Affaires Étrangères, qui avait été consulté à ce sujet par mon prédécesseur, à la date du 3 septembre 1906, vient de me faire parvenir sa réponse par lettre du 29 novembre 1906.

M. Pichon croit, d'après les renseignements recueillis par l'Ambassade de France à Madrid, que le Gouvernement royal se propose d'affermer non seulement les territoires de la Guinée continentale espagnole, mais encore des îles Fernando-Po et d'Annobon à une importante association organisée sur le modèle de l'ancienne Compagnie des Indes et qui comprend des notabilités de tous les partis politiques du Royaume. Les étrangers n'en seraient sans doute pas exclus puisqu'on songerait à accorder le monopole de la pêche fluviale à un sujet autrichien. De gros capitalistes français seraient également engagés dans l'affaire.

Votre Société aurait, sans doute, beaucoup de peine à vaincre une coalition d'intérêts aussi puissants qui réunirait en un faisceau compact les personalités des coteries politiques les plus divergentes, le jour où elle verrait ses appétits sérieusement menacés.

Dans ces conditions, notre représentant à Madrid est d'avis qu'une nouvelle démarche du Gouvernement de la République en faveur de votre Société aurait peu de chance d'être mieux accueillie que les précédentes et il y verrait de sérieux inconvénients à renouveler en ce moment une demande condamnée d'avance dans l'esprit du Gouvernement espagnol.

Un recours au tribunal arbitral de La Haye, qui vous permettrait d'exposer votre cause devant des juges désintéressés et plus impartiaux, semblerait à M. Cambon, actuellement encore, le meilleur procédé en vue de prévenir la perte définitive des droits que vous pouvez invoquer.

Je ne puis, en ce qui me concerne, que porter ces indications à votre connaissance en ajoutant que la procédure arbitrale suggérée par notre ambassadeur pourrait, en effet, avoir des avantages.

Il vous appartient de me faire tenir votre décision à ce sujet.

Je crois, toutefois, avant de terminer, devoir aborder la question des frais d'arbitrage.

Les dépenses de la procédure sont, vous le savez, élevées. Un procès devant la Cour de La Haye comporte, au minimum, une cinquantaine de mille francs personnels à chaque partie. Je serais heureux de savoir si votre Société serait disposée à en garantir le paiement. Puisqu'il doit s'agir d'une affaire entreprise par un particulier sous sa propre initiative et à ses risques et périls, vous concevez que le Gouvernement peut bien prêter un appui pour la revendication de droits acquis, mais qu'il n'y a pas de motif pour y faire contribuer le budget. Je vous serai reconnaissant de m'assurer à cet égard des dispositions que vous comptez prendre.

Enfin, au cas où votre Société serait appelée à payer les frais de ce procès, je serais désireux de savoir la façon dont vous compteriez éventuellement en suivre les différentes phases, en ce qui concerne les rapports à établir, au cours de la procédure, entre votre Société et le Gouvernement.

Je vous serais reconnaissant de me faire connaître, le plus tôt possible, votre sentiment sur ces divers points afin que je puisse, en toute connaissance de cause, renseigner à ce sujet M. le Ministre des Affaires Étrangères.

Recevez, Monsieur, l'assurance de ma parfaite considération.

> *Le Ministre des Colonies,*
> *Signé :* Milliès-Lacroix.

Ce que furent les suites de cette nouvelle orientation est mis en lumière par ce passage de la lettre que la Société adressait, le 26 mai 1910, à M. Trouillot, Ministre des Colonies :

..... La dernière difficulté qui s'était un instant élevée sur le point de savoir quelle serait la contribution pécuniaire du Gouvernement français aux frais du procès arbitral a été définitivement écartée, la Société d'Explorations Coloniales ayant déclaré, dans sa lettre du 4 décembre 1908, à M. le Ministre des Affaires Étrangères qu'elle *contribuerait pour moitié aux dépenses que le Gouvernement français s'imposerait pour ledit arbitrage* et ayant ajouté que, *si une indemnité était allouée par l'arbitre, la totalité des dites dépenses serait tout d'abord imputée sur son montant et, en cas d'insuffisance, la Société parferait la moitié du reliquat à couvrir.* Ce texte a été rédigé en ma présence par le représentant de M. Pichon. Vous trouverez d'ailleurs, ci-jointe, monsieur le Ministre, la copie des lettres des 15 septembre et 4 décembre 1908, adressées par moi au quai d'Orsay à la suite de cet entretien.

Dans ces conditions, il ne reste plus à régler que la question du compromis à proposer au Gouvernement espagnol en vue de l'arbitrage. Notre Société en avait, comme vous le verrez par la pièce annexée à la lettre du 15 septembre, soumis un projet au Ministère des Affaires Étrangères, au moment où elle convenait précisément avec ce dernier du règlement des frais que pourrait entraîner la procédure à engager ainsi.

Si délicate que soit cette matière, il vous apparaîtra certainement, comme à nous, monsieur le Ministre, que le temps nécessaire n'a point manqué pour prendre une décision à cet égard, et nous vous serions reconnaissants d'insister auprès de M. le Ministre des Affaires Étrangères pour que, nous continuant le bienveillant appui qu'il nous a toujours prêté, il fasse presser la solution de ce litige dont — encore une fois — nous serions particulièrement heureux de pouvoir annoncer l'éventualité à notre Assemblée générale du 30 juin prochain.

Avec mes remerciements anticipés, veuillez agréer, monsieur le Ministre, l'assurance de mon profond respect.

Signé : Le Président du Conseil,
W. GUYNET.

Et voici les derniers documents qui ont mis la Société d'Explorations Coloniales dans l'obligation de saisir la Commission des Affaires extérieures :

MINISTÈRE
DES COLONIES

Paris, le 10 juin 1910.

À Monsieur l'Administrateur délégué
de la Société d'Explorations Coloniales, Paris.

MONSIEUR,

Par lettre du 26 mai 1910, vous avez appelé mon attention sur les réclamations présentées par votre Société, en raison de ses droits de propriété sur les territoires compris dans la région cédée à l'Espagne par la Convention du 27 juin 1900.

J'ai l'honneur de vous faire savoir que mon Département n'a reçu, au sujet de cette affaire d'autre communication du Ministre des Affaires Étrangères que celle du 11 mars 1908, communication dont vous avez eu connaissance par une lettre de mon prédécesseur en date du 1ᵉʳ avril 1908.

J'ajoute que, par dépêche de ce jour, j'ai entretenu à nouveau mon collègue de cette affaire, en le priant de me faire connaître l'état actuel de la question.

Dès que sa réponse me sera parvenue, je ne manquerai pas de vous en informer.

Recevez, monsieur, les assurances de ma parfaite considération.

Le Ministre des Colonies,
Pour le Ministre et par ordre :
Signé : VASSELLE.

Et le 26 juillet, M. Trouillot adressait la communication suivante rue Le Peletier, à la *Société d'Explorations Coloniales* :

MONSIEUR,

Par lettre du 24 juin dernier, M. le Ministre des Affaires Étrangères m'a entretenu des réclamations formulées par votre Société contre le Gouvernement espagnol. Il résulte des renseignements adressés par l'ambassadeur de France à Madrid, à M. Pichon, que le Cabinet de Madrid a nettement refusé de soumettre la question à un arbitrage, et vous invite à vous conformer aux lois du royaume en faisant valoir vos titres devant les autorités compétentes. Toutefois, l'expiration des délais prescrits par l'article 6 du décret du 11 juillet 1904, réglant les formalités à remplir en vue de la ratification des titres de propriété dans les territoires de la Guinée espagnole ne sera pas opposée à votre Société.

En portant cette information à ma connaissance, M. le Ministre des Affaires Étrangères considère que la souveraineté espagnole étant entière sur ses territoires, nous ne saurions, en matière immobilière, prétendre soustraire nos nationaux à la juridiction locale compétente pour l'examen de leurs titres de propriété. Mon collègue ajoute que, d'après les renseignements qui lui ont été fournis, votre Société poursuivrait actuellement à Madrid un arrangement amiable avec le Gouvernement royal. M. Pichon estime, d'ailleurs, que « c'est certainement la meilleure manière de terminer l'affaire ».

J'ai l'honneur, comme suite à mes précédentes communications, de vous faire part de ces renseignements, et je vous serais obligé, après en avoir pris connaissance, de me faire savoir la résolution à laquelle vous vous êtes arrêté.

Par une nouvelle lettre du 30 juin, M. le Ministre des Affaires Étrangères m'a adressé des renseignements complémentaires sur la portée exacte de l'article 5 du décret royal du 11 juillet 1904 concernant la confirmation par les autorités espagnoles, des titres de propriété acquise en Guinée espagnole par des étrangers.

Vous trouverez ci-joint, avec une traduction de ce texte, une copie de la lettre que M. Revoil a envoyé à ce sujet à M. le Ministre des Affaires Étrangères. Des explications données par le Ministre d'État espagnol, il résulte, comme vous le verrez, que les dispositions de l'article 5, paragraphe 6 du décret susvisé du 11 juillet 1904, autorisent votre Société à demander la concession, en toute propriété, dans des conditions déterminées, d'un lot de 100 hectares autour de chaque terrain sur lequel votre Société aura fait acte d'occupation effective.

Recevez, monsieur, les assurances de ma considération distinguée.

LE MINISTRE DES COLONIES.

TRADUCTION

ACQUISITIONS FAITES PAR DES PARTICULIERS NON-INDIGÈNES AVANT LE PRÉSENT DÉCRET

Art. 5.

Le simple fait de posséder la concession obtenue des autorités françaises pendant qu'elles se trouvaient en territoire espagnol, et les contrats passés avec les indigènes avant la promulgation de ce décret sur les territoires espagnols du golfe de Guinée, ne pourront servir de titre aux particuliers pour réclamer la propriété des terres appartenant à l'État, ou bien tout autre droit sur ces terres. Toutefois, les actes susdits produiront les effets légaux auxquels a trait l'article suivant.

Art. 6.

Dans le délai d'un an, à partir de la promulgation du présent décret sur les territoires espagnols du golfe de Guinée, les particuliers qui détiendraient des terres en vertu de l'un quelconque des titres mentionnés à l'article précédent, devront solliciter de la part du Gouverneur général et par l'intermédiaire de l'autorité locale, la confirmation de leurs titres. Cette confirmation sera octroyée dans les conditions suivantes :

1° Il ne sera confirmé aucun titre de propriété sur des immeubles réclamés, alors que le bénéficiaire n'aura pas fait suivre d'actes effectifs d'occupation ;

2° Ne seront considérés comme « actes d'occupation » que les suivants : le défrichement, le déboisement, la construction d'édifices, la culture, l'ensemencement ;

3° La confirmation sera en pleine propriété, mais ne portera que sur la superficie déboisée, défrichée, construite, cultivée ou ensemencée, et sur ce qui raisonnablement doit être considéré comme attenant ou dépendant de cette superficie ;

4° Celui qui l'obtiendra devra payer la somme de 15 pesetas par chaque hectare ou fraction d'hectare reconnu en sa faveur ;

5° Si les actes d'occupation dont s'occupe dans cet article l'alinéa 1° n'existent que pour une partie seulement de l'immeuble réclamé en vertu d'un titre unique, on reconnaîtra à l'occupant un droit de préférence pour acquérir le reste, au prix et suivant les conditions établis au chapitre IV de ce décret ;

6° En aucun cas, on ne reconnaîtra, dans le cas précité, à une seule personne individuelle ou collective, la propriété ou le droit préférentiel d'acquisition de plus de 100 hectares.

Art. 7.

Une Commission devant résider à Sainte-Isabelle et être composée du Gouverneur général, du Juge de Première Instance et de l'Administrateur du Trésor, accordera ou refusera la confirmation et cela sans recours possible, après enquête de l'Inspecteur de colonisation du district où sont situées les terres.

Art. 8.

Les particuliers qui négligeraient de réclamer la confirmation de leurs titres dans le délai et devant la Commission indiqués aux deux articles précédents, ou bien qui ne l'obtiendraient pas conformément à ces mêmes articles, perdraient tous droits sur les terres qu'ils auraient réclamées.

Art. 9.

Ceux qui, antérieurement à la promulgation de ce décret, auraient obtenu de l'autorité espagnole des concessions de terres qui, pour n'avoir été mises en culture dans le délai réglementaire, ou pour la non-exécution de quelque autre des conditions grâce auxquelles elles furent accordées, seraient devenues caduques auraient aussi, durant un an, à partir de la promulgation du décret, le droit de réparer la faute commise ou d'obtenir, de préférence à tout autre postulant, une nouvelle concession des mêmes terres au prix et conditions que le présent décret établit d'une façon générale.

Pour copie conforme :

Le Sous-Chef du Bureau de l'Afrique et du Service Géographique et des Missions.

MINISTÈRE
DES
AFFAIRES ÉTRANGÈRES

Madrid, le 22 juin 1910.

M. Revoil, Ambassadeur de la République Française, à Madrid, à M. Stephen Pichon, Ministre des Affaires Étrangères.

Le Ministre d'État, à qui j'avais demandé, dès le mois de décembre dernier, de me faire connaître l'interprétation que le Gouvernement royal entendait donner au paragraphe 6 de l'article 5 du décret du 12 juillet 1904, vient enfin de donner suite au rappel que je lui avais adressé à ce sujet.

M. Garcia Prieto m'a indiqué « qu'étant données la clarté et la concision de l'article en question, il ne peut être interprété autrement que selon la lettre, sans préjudice de ce que la prohibition absolue, à laquelle se rapporte le paragraphe 6 de cet article, a trait à toutes et chacune des réclamations qui peuvent se présenter ». C'est-à-dire plus clairement : cette prohibition ne sera pas un obstacle à ce qu'une seule entité individuelle ou collective puisse, en invoquant les droits résultant des causes énumérées dans l'article 5 de la disposition souveraine citée, obtenir la concession en propriété de différents lots de 100 hectares chacun, comme seraient les points où elle aurait réalisé des actes de : occupation, débroussaillement, défrichement, construction d'édifice, plantations ou semailles qui, comme le porte le paragraphe 2 du même article 6, sont les actes dont il faut faire la preuve pour que la concession puisse être accordée.

En outre, ainsi que le spécifie d'une façon absolue le décret cité, le terme d'un an est donné à ceux qui se croiraient des droits aux bénéfices stipulés dans son chapitre III pour les faire valoir devant le Gouvernement Général. Par conséquent, ce terme est échu en 1905 sans qu'il y ait été fait d'autre dérogation ou accordé d'autre prorogation que celle octroyée gracieusement à la Société d'Explorations Coloniales. Aussi, en tenant compte des déclarations qui précèdent et pensant que la présente demande de renseignements provient uniquement et exclusivement de cette Compagnie, le Ministère d'État se plaît à faire savoir à l'Ambassade de France que le Gouvernement de S. M. C. manifesterait avec satisfaction son désir de conciliation vis-à-vis de cette Société, si celle-ci, renonçant aux prétentions dénuées de fondement qu'elle a présentées jusqu'ici, présentait une proposition conforme aux dispositions contenues dans le chapitre VI du décret royal sur le régime de la propriété en vigueur dans notre colonie.

Cette proposition pourrait être aussi avantageuse aux intérêts de la Société d'Explorations qu'aux intérêts généraux de nos possessions dans la Guinée orientale espagnole.

Le dernier passage de cette communication me paraît témoigner du désir qu'a le Gouvernement de voir lever l'hypothèque que fait peser sur toute une partie de la Guinée la réclamation de la Société d'Explorations Coloniales. Il serait, je crois, à souhaiter que cette Société profitât de ces dispositions pour entrer en relations avec le Ministère d'État en vue de déterminer, d'accord avec lui, l'indemnité moyennant laquelle elle se désisterait de sa réclamation.

Pour copie conforme :
Le Sous-Chef du Bureau de l'Afrique.

TROISIÈME PARTIE

LA DERNIÈRE PHASE DU DIFFÉREND

Il est facile de comprendre quel fut l'étonnement de la Société d'Explorations Coloniales, en recevant la communication de M. Trouillot, ou plus exactement celle qu'il transmettait, c'est-à-dire, par conséquent, celle de M. Pichon.

Elle y fit une longue réponse qui est en quelque sorte l'historique de ce long litige, ainsi que des différentes attitudes prises, en cette affaire, par les parties en cause, et constitue pour ainsi dire un *résumé* de tout ce qui s'est passé depuis le 24 novembre 1898 jusqu'au 31 août 1910.

La voici en son entier :

Paris, le 31 août 1910.

Monsieur le Ministre,

J'ai l'honneur de vous accuser réception de votre lettre par laquelle vous avez pris la peine de porter à ma connaissance le résultat de la démarche que vous avez bien voulu faire auprès de votre collègue des Affaires Étrangères, afin que la question de l'arbitrage à proposer au Cabinet de Madrid, relativement à la réclamation de la Société d'Explorations Coloniales, fût enfin liquidée.

Les renseignements que vous me transmettez ainsi, Monsieur le Ministre, en m'invitant à vous faire connaître la résolution qu'ils m'auront dictée, m'ont quelque peu surpris en ce qui concerne l'Espagne, et profondément étonné en ce qui touche le Quai d'Orsay.

Il était, en effet, difficile de prévoir que l'Espagne, si mal disposée qu'elle eût toujours été, refuserait de soumettre à un tribunal arbitral les raisons juridiques en vertu desquelles elle nous déniait tout droit à une réparation quelconque.

Il était également tout à fait impossible de supposer que le Département des Affaires Étrangères, après nous avoir prêté un concours toujours mesuré, et particulièrement méticuleux, à l'égard des moyens que nous nous proposions de faire valoir à La Haye, serait si brusquement converti à la thèse espagnole, et nous abandonnerait aussi cavalièrement, en nous conseillant de traiter directement, nous-mêmes, sur les bases du décret du 11 juillet 1904, avec le Gouvernement royal auprès duquel il croit, d'ailleurs, à tort, que nous ferions actuellement des démarches, en vue d'un arrangement amiable.

Car nous savons, mieux que personne, quel peut être le sort d'une tentative, faite par notre Société, seule, dans cette voie de la conciliation.

7

Le Ministère des Affaires Étrangères, que nous avons toujours tenu au courant, en même temps que celui des Colonies, sait, lui aussi, quels efforts, dont on ne peut mettre en doute la sincérité, ont été faits du côté français, pour arriver à un accommodement, et qu'il y a huit ans, notamment, à l'époque où j'étais parvenu à entretenir, à Madrid même, le ministre S. E. le duc d'Almadovar, de cette question, il n'a point dépendu de moi de la régler, alors, définitivement.

Le Ministère des Affaires Étrangères est, en outre, tout aussi nettement fixé sur la portée et sur le but de ce décret royal du 11 juillet 1904, auquel l'Espagne nous engage aujourd'hui à recourir, et que, par une faveur singulière, elle se déclare prête encore à appliquer à notre Société, alors que les délais d'application sont prescrits depuis cinq ans.

Nous avons pris soin, en effet, *dès l'apparition de ce décret*, d'en envoyer un exemplaire à M. le Ministre des Affaires Étrangères, en y joignant, en outre, la traduction en français des passages intéressant notre cas.

Nous lui faisions remarquer que cette réglementation, adoptée par l'Espagne, « aboutissait à une spoliation complète des droits de propriété que nous avions acquis sur ces territoires, au moyen des contrats passés avec les indigènes, dès 1899, d'accord avec le Gouvernement français, et dans les formes par lui indiquées ».

« En effet, disions-nous, l'article 5 du chapitre III du décret promulguant le Code civil dans la Colonie espagnole, article qui a pour rubrique *Acquisitions de particuliers non-indigènes, antérieures au présent décret*, dénie toute valeur, non seulement à la simple possession, mais encore à la concession obtenue des autorités françaises, alors qu'elles se trouvaient établies en territoire devenu espagnol, et aux contrats passés avec les indigènes, antérieurement à la promulgation de ce décret dans les territoires du golfe de Guinée. »

Nous ajoutions :

« Cet article est si manifestement en contradiction avec le dernier paragraphe du rapport de M. Charles Dupuy (8 mars 1901) à la Commission du Sénat, chargée d'examiner le projet de loi portant approbation de la Convention franco-espagnole, que nous ne saurions protester trop énergiquement contre une mesure qui n'a été prise que pour nous faire perdre le bénéfice de nos efforts et des sacrifices que nous avons consentis, et écarter toute revendication de notre part.

« Les articles suivants du décret royal prévoient bien, il est vrai, que les détenteurs de terrain, avant la Convention, ont une année pour solliciter la confirmation de leurs titres. Mais cette nouvelle propriété, outre qu'elle est limitée à 100 hectares, ne peut s'acquérir qu'à la condition de justifier d'établissements existants et d'exploitations en cours, et encore nécessite-t-elle un nouveau débours de 15 pesetas par hectare. Ce n'est donc point la validité des titres de propriété qui se trouve contestée, mais la propriété elle-même qui est infirmée, puisque sa reconnaissance en est subordonnée à des conditions qui ne sont pas dans son essence, telles que la remise d'un nouveau prix et l'occupation effective.

» Le Gouvernement espagnol va même jusqu'à refuser à un arrêté de concession définitive rendu par le Gouvernement du Congo français, dans la forme voulue, une valeur quelconque. Il commence par en supprimer l'effet, sauf à le faire renaître avec des restrictions abusives.

» Nous ne saurions trop répéter que cette législation est en contradiction avec les assurances de M. Charles Dupuy, dans son rapport, et que les ressortissants français ne trouvent pas, dans ces conditions, la sécurité et la protection qui sont de droit naturel et que visait si justement le rapporteur de la Commission du Sénat ». •

Et notre conclusion était — vous vous le rappelez, monsieur le Ministre, car nous avons envoyé le même jour (21 septembre 1904) à votre Département, une copie de cette correspondance et de ce document — qu'il était nécessaire que notre ambassadeur à Madrid protestât énergiquement.

Si la prétention de l'Espagne avait été naturelle, comme elle le paraît aujourd'hui au Ministère des Affaires Étrangères, celui-ci n'aurait pas invité notre représentant à Madrid, à s'élever contre une semblable théorie.

Il est vrai que cette protestation n'eut aucun succès, car, après des pourparlers qui durèrent près d'un an, vous preniez la peine (22 septembre 1905) de me faire connaître, en ces termes, que notre ambassadeur avait échoué : •

« Je viens de recevoir, par l'intermédiaire du Département des Affaires Étrangères, communication de la réponse du Cabinet de Madrid à vos réclamations.

» Celui-ci dénie en substance, à la Société, tous les droits sur les terrains cédés à son représentant par les indigènes du Mouny, et conclut au rejet pur et simple de ses prétentions.

» La thèse que soutient le Gouvernement espagnol tend à limiter à la capacité de culture de l'indigène le territoire qu'il peut posséder, et refuse aux chefs indigènes le droit d'aliéner cette propriété au nom de la communauté. Il objecte, en conséquence, que les traités passés par la Société d'Explorations Coloniales n'avaient qu'un but : créer au profit de la Société un monopole commercial, puisque rien n'était changé dans la situation de l'indigène : or l'attribution d'un pareil monopole ne saurait appartenir, d'après le Gouvernement espagnol, qu'au souverain et non aux propriétaires.

» Enfin, il conteste la valeur de ces contrats, alléguant qu'ils n'ont pas été traduits (1) dans la langue des indigènes, et que ceux-ci, dans ces conditions, n'en auraient pas eu connaissance. Ce seraient des cas de nullité qui suffiraient à les rendre caducs. En terminant, M. le Ministre des Affaires Étrangères de Madrid trouve exagérée l'étendue des territoires réclamés et affirme que les cent cinquante chefs indigènes contractants ne peuvent posséder une superficie pareille.

» En portant les arguments du Gouvernement espagnol à votre connaissance, je ne puis que vous inviter à me faire parvenir, le plus tôt possible, un nouveau mémoire, afin de me permettre de le communiquer, avec les observations de mon Département, au Ministère des Affaires Étrangères. »

Ce nouveau mémoire que vous vouliez bien me demander, monsieur le Ministre, dut, vous ne l'avez pas oublié, rester à l'état de projet. Les événements du Maroc, la conférence d'Algésiras, les intérêts de notre politique extérieure, en furent cause.

La situation internationale resta, hélas! de longs mois inquiétante, et c'est ainsi qu'en 1907 encore, le 6 février, vous m'informiez que notre représentant à Madrid « verrait de sé-

(1) Voir les notes de la page 41.

rieux inconvénients à renouveler en ce moment une demande condamnée d'avance dans l'esprit du Gouvernement espagnol ».

Et vous ajoutiez :

« .....Un recours au tribunal de La Haye, qui vous permettrait d'exposer votre cause devant des juges désintéressés et plus impartiaux, semblerait à M. Cambon, actuellement encore, le meilleur procédé en vue de prévenir la perte définitive des droits que vous pouvez invoquer... »

Vous aviez même l'obligeance, monsieur le Ministre, de me signaler les avantages de cette procédure, mais vous appeliez en même temps mon attention sur la question des frais.

C'est alors que notre Société prit, avec le Département des Affaires Étrangères, des engagements que je remettais sous vos yeux, dans ma lettre du 26 mai dernier, et qui, levant désormais toute difficulté, m'autorisaient à vous demander précisément d'insister auprès du quai d'Orsay pour la signature du compromis à proposer au Gouvernement espagnol.

Ce très rapide exposé de ces très longs pourparlers vous permettra maintenant, monsieur le Ministre, de vous rendre compte que l'étonnement, exprimé par moi au début de cette lettre, relativement à l'attitude du quai d'Orsay, est très réel, et de vous figurer la difficulté que j'éprouve à trouver les raisons d'une aussi brusque volte-face.

Un changement parmi les hauts fonctionnaires du Ministère ne suffirait pas, en effet, à expliquer ce changement d'opinion, puisque le Ministre ne s'est point borné à apposer sa signature au bas de l'expression de ce revirement, mais a daigné donner son sentiment personnel, en vous disant, à propos du décret royal précité et des démarches qu'on prétendait — à tort, je le répète — être faites directement par nous, à Madrid, en vue d'un arrangement amiable avec le Gouvernement royal, que c'était « certainement la meilleure manière de terminer l'affaire ».

Certes, je comprends très bien à quel point M. Pichon serait heureux de se débarrasser de ce litige, sans avoir à contrarier, dans une mesure quelconque, le Cabinet de Madrid, et je me figure aisément quel doit être son souci de s'éviter la moindre difficulté avec n'importe quelle nation. Mais il ne faut pas que cette préoccupation aille jusqu'à l'abandon de droits qui sont incontestables, que le Parlement a entendu, en 1901, faire respecter — de puissance à puissance, au lieu de laisser nos nationaux aux prises avec l'Espagne — et qu'on lui a donné l'assurance de faire respecter, pour obtenir, de lui, le vote de l'accord du 27 juin 1900.

C'est précisément cette assurance que M. Pichon a perdue de vue, en acceptant la thèse espagnole et en nous laissant à nous-mêmes la charge de défendre nos intérêts.

Il savait — car il est impossible qu'on n'ait pas mis sous ses yeux le dossier de notre affaire, et, par conséquent, notre lettre précitée du 21 septembre 1904 — que nous avions protesté tout de suite contre le décret royal, auquel il nous conseille aujourd'hui de nous soumettre ; que son Département avait transmis cette protestation à Madrid et que l'Ambassadeur de France en Espagne l'avait appuyée.

Il n'ignorait point, non plus, l'insuccès de nos démarches en 1902 pour obtenir, à n'importe quel prix, un arrangement, et l'impossibilité où nous avions été, livrés à nous-mêmes, de nous faire rendre justice dans une mesure quelconque.

Il avait pu constater ensuite que ce fameux décret du 11 juillet 1904 avait été suivi, au bout de moins d'un an, d'une communication du Gouvernement royal, que son Département vous avait d'ailleurs prié de nous transmettre, d'après laquelle l'Espagne, examen fait de nos titres, nous avait finalement dénié tous droits, et « avait conclu au rejet pur et simple de nos prétentions ».

Il est, par conséquent, fixé sur le résultat que nous pourrions atteindre, si nous suivions son conseil.

Le décret du 11 juillet 1904 est resté le décret du 11 juillet 1904, tout aussi inacceptable aujourd'hui qu'il l'était il y a six ans.

Si, par une faveur étrange, le Gouvernement royal, alors que la prescription lui est acquise, nous offre néanmoins de nous appliquer encore les dispositions de ce règlement, c'est dans un sens facile à deviner, et dans le but poursuivi dès l'origine, qui est la raison d'être même de ce décret, d'appuyer sur une base légale le refus que l'Espagne a toujours entendu opposer, à notre demande de réparation, tout en conservant sans doute l'espoir, puisque la place est toujours libre, de nous avoir pour colons, et de profiter ainsi de notre expérience comme elle a profité de nos documents, dans les meilleures conditions matérielles — pour elle, c'est-à-dire à raison de tant de pesetas par hectare concédé.

Car nos droits à une indemnité, nos droits que l'Espagne nous a finalement déniés en septembre 1905, sont eux aussi, restés les mêmes, et, par conséquent, susceptibles de la même appréciation de la part de nos adversaires.

Mais, heureusement, ils sont aussi restés les mêmes aux yeux du Parlement français, à qui nous allons nous adresser maintenant, et à qui il appartiendra de rechercher pour quel motif sa volonté a été ainsi méconnue, les engagements pris envers lui oubliés, et la défense de nos intérêts abandonnée.

Veuillez agréer, monsieur le Ministre, l'expression de toute notre gratitude pour l'appui que nous avons toujours trouvé au Ministère des Colonies et y joindre l'assurance de notre profond respect.

Au reçu de cette lettre, M. le Ministre des Colonies voulut faire encore une tentative auprès de son collègue des Affaires Étrangères. Ce fut peine perdue.

Et c'est dans les termes suivants qu'il porta cet échec à la connaissance de la *Société d'Explorations Coloniales* :

MINISTÈRE
DES COLONIES
———

Paris, le 2 novembre 1910.

MONSIEUR LE PRÉSIDENT,

Par lettre du 10 octobre 1910, j'ai eu l'honneur de vous faire connaître que je priais M. le Ministre des Affaires Étrangères d'examiner s'il ne lui paraîtrait pas possible d'intervenir à nouveau auprès du Gouvernement espagnol pour le règlement du litige pendant entre ce Gouvernement et votre Société.

A la date du 15 octobre 1910, M. Pichon m'a confirmé qu'il s'en tenait à ses précédentes déclarations et qu'il considérait comme revêtant un caractère définitif la réponse adressée le 9 octobre 1909, par le Ministre d'État espagnol, aux demandes réitérées de notre ambassadeur à Madrid, réponse dont je vous ai donné communication le 26 juillet 1910, et qui concluait au rejet pur et simple du différend par voie d'arbitrage, et à l'obligation, pour votre Société, de se conformer aux lois du royaume.

M. Pichon rappelle, à ce propos, que dès le mois de novembre 1898, M. L. Renault, jurisconsulte du Ministère des Affaires Étrangères, avait fait observer que « M. Lesieur, alors Président de votre Société, courait naturellement le risque de voir méconnaître les acquisitions faites sans l'autorisation du Gouvernement espagnol pour le cas où l'Espagne serait un jour reconnue comme ayant la souveraineté des terrains acquis par lui. »

M. Pichon ajoute, du reste, que son Département n'a pas voulu laisser échapper la moindre chance d'amener le Gouvernement espagnol à admettre les prétentions de votre Société et que, s'il n'y a pas réussi, il a du moins obtenu qu'elles soient examinées minutieusement et qu'elles fassent l'objet d'une réponse motivée.

De plus, l'intervention du Ministre des Affaires Étrangères a décidé le Gouvernement espagnol à vous offrir de vous allouer, en toute propriété non pas, comme vous semblez le croire, une concession de 100 hectares en tout, mais bien, ainsi que je vous en ai avisé par ma lettre du 26 juillet 1910, autant de concessions de 100 hectares qu'il y a de parcelles sur lesquelles votre Société prouvera avoir fait acte d'occupation effective.

M. le Ministre des Affaires Étrangères estime qu'il est regrettable que vous décliniez cette offre.

En ce qui concerne les démarches qui auraient été directement suivies à Madrid auprès du Gouvernement espagnol par votre Société, M. Pichon me fait savoir que son Département en avait été avisé, dès le mois de janvier dernier, par M. Henri Lorin, qui disait en avoir été chargé par vous.

M. Lorin avait déclaré que le Gouvernement espagnol était disposé, en dehors de tout arbitrage, à vous accorder une indemnité et il avait prié le Département des Affaires Étrangères de contribuer tacitement au succès des démarches entreprises par vous, en ne manifestant pas que la thèse légale et les propositions du Gouvernement espagnol lui semblaient admissibles. Il résulte des déclarations de M. Pichon que son Département a observé, à cet égard, la réserve la plus complète.

Veuillez agréer, etc.

Le Ministre des Colonies,
Signé : Georges Trouillot.

Comme on le voit, il était temps que le différend, pour ne rien perdre de son caractère impersonnel et de la modération avec laquelle il avait été, pendant plusieurs années, discuté par les parties, diversement intéressées, fût soumis à l'examen (puisque l'arbitrage était impossible) de juges résolus à n'examiner que la question de droit ainsi soulevée, et en état de rendre un jugement *définitif* si patiemment attendu par la Société lésée.

C'était donc une raison de plus de saisir la Commission des Affaires extérieures.

Celle-ci peut, maintenant, se faire une opinion des circonstances dans lesquelles ce litige est né, a grandi et menacé de s'éterniser.

Naturellement, le Président du Conseil d'administration de la *Société d'Explorations Coloniales* se tient à la disposition de la Commission pour fournir toutes les précisions qui ne peuvent, on le conçoit, figurer dans un simple exposé. Le but de ce mémoire est d'indiquer les grandes lignes du problème, rien de plus.

Si, cependant, il faut, maintenant, terminer sur deux questions incidentes, étrangères au point de droit en lui-même, c'est parce que la Société tient à ne rien laisser dans l'ombre, et à s'expliquer, aujourd'hui encore, avec la loyauté et la franchise dont elle n'a cessé de faire preuve depuis dix ans.

Elle a fait connaître à M. Henri Lorin comment les propos qu'il avait pu tenir sur cette affaire avaient été rapportés à M. le Ministre des Affaires Étrangères.

M. Henri Lorin (1) a aussitôt protesté en ces termes :

Bordeaux, 9 novembre 1910.

Monsieur William Guynet, Paris.

Cher Monsieur,

Vous me communiquez une lettre de M. le Ministre des Colonies, datée du 2 de ce mois, qui est relative aux négociations franco-espagnoles de la Société d'Explorations Coloniales et dans laquelle mon nom est mis en cause. Je ne puis laisser passer sans protester de la manière la plus nette les deux paragraphes où il est question de moi.

Jamais je n'ai été chargé par votre Société d'une *démarche quelconque auprès du Gouvernement espagnol*, et je n'aurais pas, vous le pensez bien, commis la double incorrection, vis-à-vis de notre Ambassade et de votre Société, de prendre sur moi une initiative de ce genre. Je n'ai donc pu faire aucune déclaration quant aux résolutions du Gouvernement espagnol.

Vous me connaissez assez pour être sûr que je ne me suis, à aucun moment, engagé dans des conversations pour lesquelles je n'étais aucunement qualifié, mais je tenais à vous transmettre sans retard ma protestation dont je vous autorise à faire tel usage que vous aviserez.

Veuillez toujours, cher Monsieur, croire à mes sentiments les meilleurs.

Signé : Henri Lorin.

(1) Professeur à la Faculté des lettres de Bordeaux.

Quant à l'opinion prêtée à M. Louis Renault, il est bien regrettable qu'on ne l'ait pas plus tôt mise sous les yeux de M. Pichon, qu'on ne l'ait pas signalée à ses prédécesseurs, et qu'on ne l'ait jamais fait connaître à la *Société d'Explorations Coloniales*, qu'elle intéressait tant.

Si l'éminent jurisconsulte, aux lumières de qui la France a déjà fait appel, pour la représenter au Tribunal arbitral de La Haye, s'est prononcé dans le sens qui a été rapporté à M. Pichon, il est inexplicable qu'on en n'ait pas prévenu M. Pichon quand celui-ci, en février 1907, se rangeant à l'avis de M. Cambon, faisait connaître à la Société que « le meilleur procédé en vue de prévenir la perte définitive des droits qu'elle pouvait invoquer » c'était de recourir précisément au Tribunal de La Haye. Si, d'après l'avis de M. Louis Renault, souvent appelé à siéger ou à porter la parole à La Haye, les droits de la *Société d'Explorations Coloniales* n'avaient aucune base juridique, on pouvait encore réparer, au mois d'avril 1908, l'extraordinaire oubli commis en février 1907 — et les années précédentes — et prévenir M. le Ministre des Affaires Étrangères qui, ainsi renseigné par l'éminent avocat-conseil de son Département, n'aurait pas fait demander *d'urgence*, par l'entremise de son collègue des Colonies, à la *Société d'Explorations Coloniales* « le montant de la contribution pécuniaire sollicitée du Gouvernement français aux frais du procès arbitral à intenter au Gouvernement espagnol devant la Cour de La Haye ».

Pourquoi, en effet, grever le budget d'une dépense absolument inutile, puisqu'on sait que les prétentions à faire valoir devant le Tribunal arbitral sont insoutenables ?

Et comment, pendant douze ans, puisque cette consultation date de novembre 1898, ne s'est-il trouvé personne, au Département des Affaires Étrangères, pour prévenir les différents Ministres des Colonies qui ont toujours énergiquement et sincèrement soutenu la Société demanderesse, qu'une déconvenue était légalement inévitable pour cette dernière, et, partant, pour ceux qui l'appuieraient et la guideraient ?

Une pareille omission peut-elle s'expliquer, et est-il équitable que la *Société d'Explorations Coloniales* en soit victime ?

C'est évidemment ce que la Commission des Affaires extérieures ne laissera pas de rechercher.

Mais peut-il même être question d'un « oubli » qui aurait été ainsi commis par tous et pendant douze ans ?

Pour avoir la preuve que cette question ne peut même se poser, il suffit de se reporter à la première des pièces citées ici, la lettre du Ministre des Colonies, M. Guillain, à M. Lesieur.

Elle est justement, elle aussi, de novembre 1898. C'est qu'à cette date, en effet, avant de répondre à M. Lesieur, M. Guillain a consulté « son collègue des Affaires Étrangères sur la question de droit international qui se posait. M. le Ministre des Affaires Étrangères a « consulté » à son tour et, une fois renseigné, a transmis la consultation à son collègue des Colonies qui l'a lui-même transmise à M. Lesieur.

Qu'en résulte-t-il ? C'est que *toute concession ou autorisation de cette nature* (acquisition de terrains dans l'étendue des territoires contestés) *constituerait une violation du « statu quo » stipulé entre la France et l'Espagne.*

Faut-il, dans ces conditions, renoncer au patriotique projet conçu par M. Guillain ? Nullement !

Et M. le Ministre des Colonies, en rappelant à M. Lesieur — comme il a été dit maintes fois, au cours de cet exposé — que ce serait à ses risques et périls qu'il agirait, lui fait observer que tout change, si l'action de l'État disparaît complètement.

Alors si cette action disparaît, si M. Lesieur agit à ses risques et périls, quel sera le but qu'il sera permis de poursuivre et auquel, en tant que simple particulier, on pourra légalement arriver ? M. le Ministre des Colonies y répond avec une entière précision : « ... *traiter avec les indigènes et acquérir un droit de propriété dans les formes réglées par les lois ou coutumes locales.* »

Fait-on savoir à M. Lesieur, en lui communiquant la consultation provoquée au Département des Affaires Étrangères, « qu'il court le risque de voir méconnaître les acquisitions faites sans l'autorisation du Gouvernement espagnol pour le cas où l'Espagne serait un jour reconnue comme ayant la souveraineté des territoires ainsi acquis » ?

Nullement ! Pas un mot de ce point capital, essentiel !

Mais, il y a plus et la Commission des Affaires extérieures sera évidemment frappée de ce fait tout spécial, c'est que, postérieurement au mois de novembre 1898, quand la Société d'Explorations Coloniales s'est préoccupée de savoir selon quelle formule — que personne ne pourrait contester — elle ferait ses acquisitions de terrains, c'est le Département même des Affaires Étrangères qui l'a rédigée, et la Commission en trouvera ci-joint un exemplaire (1).

---

(1) À la fin du mémoire, à la suite des cartes.

8

Enfin, autre circonstance qu'il importe de souligner, M. Albert Decrais, qui avait succédé à M. Guillain, voulut bien, pour lever toute difficulté, prendre, à la date du 13 janvier 1900, une décision extrêmement importante, qu'il portait à la connaissance de la Société d'Explorations Coloniales par une lettre qui a déjà été citée plus haut, mais dont il faut reproduire ici ce passage : « ... afin, cependant, de faciliter votre établissement dans ces régions, et de donner surtout un caractère d'authenticité suffisant, j'ai décidé que ces contrats et traités pourraient être reçus par le greffier-notaire de Libreville et déposés par lui au rang de ses minutes. J'ai adressé des instructions dans ce sens à M. le Commissaire général du Gouvernement du Congo ».

Nulle trace, comme on voit, de « l'observation » de M. Louis Renault et, par contre, affirmation de la thèse opposée.

Ce n'est pas tout. Quand le Parlement a été appelé à voter l'accord franco-espagnol, et qu'il s'est préoccupé, ainsi qu'en témoigne le rapport de M. Charles Dupuy, des droits ainsi acquis par des Français, ceux qui lui ont donné l'assurance que ces droits seraient respectés, n'ont rien dit d'une opinion de jurisconsulte d'après laquelle « l'Espagne avait le droit de méconnaître les acquisitions faites sans son consentement ». C'était pourtant le moment ! D'un autre côté, pourquoi avoir attendu que la *Société d'Explorations Coloniales* annonçât qu'elle allait saisir le Parlement pour soutenir, comme le fait aujourd'hui le Département des Affaires Étrangères que le décret espagnol du 11 juillet 1904 constitue une « thèse légale » et que les « propositions » du Cabinet de Madrid sont « admissibles » ?

Comment qualifier les manœuvres auxquelles on se serait livré à l'égard du Gouvernement espagnol, pendant six ans, les uns (comme la *Société d'Explorations Coloniales*) en soutenant que ce décret constituait une spoliation, les autres (comme les Ministres des Affaires Étrangères et des Colonies) en appuyant la protestation de la Société, et en proposant d'en faire juge le tribunal de La Haye? Que dire de cette comédie?

Et que dire aussi de cette histoire invraisemblable d'après laquelle, pour faire plaisir à la Société lésée ou à un intermédiaire qu'elle aurait délégué auprès de lui, un ministre français aurait consenti à soutenir une thèse que sa conscience désapprouvait? Est-ce aussi le motif du silence du prédécesseur de M. Pichon? Et en est-il de même pour les différents ministres des Colonies depuis le 11 juillet 1904, puisque tous ont approuvé et soutenu la protestation de la Société ?

La vérité, c'est que la *Société d'Explorations Coloniales* a des droits de propriété incontestables et que l'Espagne est la première à le reconnaître implicitement.

Le Gouvernement espagnol a en effet proclamé bien haut qu'il ne devait rien, parce qu'il a su, dès le début, que la Société avait dépensé près d'un million, mais, au fond, il a honte de passer pour s'enrichir aux dépens d'autrui, et c'est ainsi que, depuis dix ans, il n'a point osé disposer de ces territoires qu'il considère comme moralement grevés d'une sorte d'hypothèque.

Pour avoir toute liberté d'action, il voudrait donner à son refus d'indemniser la demanderesse les apparences de la légalité. Voilà précisément pourquoi il a imaginé le décret du 11 juillet 1904.

Car, si la *Société d'Explorations Coloniales* consentait à engager les pourparlers autour de ce règlement, la conclusion inévitable serait qu'elle n'a droit à rien.

En effet, au moment où la mission organisée par la Société avait, à ses risques et périls, parcouru mille lieues dans l'inconnu, réalisé, au prix des plus grands sacrifices et des plus grands dangers, le projet français grâce à des contrats régulièrement rédigés, signés et enregistrés, et avait réussi à regagner Libreville, après dix-huit mois d'exploration, le traité du 27 juin 1900 venait d'être signé, et la plus grande partie des territoires acquis par elle cédés à l'Espagne.

La Société n'avait pas à apprécier les raisons qui avaient décidé la France à consentir un pareil sacrifice. Mais elle avait le devoir de considérer que le million qui venait d'être dépensé était momentanément suffisant, et d'attendre d'être fixée sur la façon dont le Gouvernement français et le Gouvernement espagnol reconnaitraient les droits qu'elle avait eu la chance inespérée d'acquérir, sans la moindre effusion de sang et sans compromettre les véritables promoteurs de l'entreprise.

Elle a obtenu toute satisfaction, on l'a vu, du côté français; du côté espagnol, elle attend toujours et on conçoit facilement que cette longue attente ne l'ait pas engagée à ajouter, pour le territoire devenu espagnol, un centime aux frais considérables qu'elle avait déjà exposés, en juin 1900, et qu'elle se contente de supporter les dommages que cette longue attente elle-même lui fait subir.

Elle serait donc bien dans l'impossibilité de remplir la condition imposée par le décret du 11 juillet 1904, à savoir, de prouver qu'elle a fait acte *d'occupation effective* sur telle ou telle parcelle des territoires qu'elle a acquis. Elle n'a en effet que ses contrats à invoquer, régulièrement rédigés, signés et enregistrés (1), on ne saurait trop le répéter. Mais l'Espagne refuse d'en reconnaître la validité, précisément parce qu'elle ne veut pas avoir à indemniser et, précisément aussi, pour donner à son refus, nous l'avons dit plusieurs fois, l'apparence de la légalité, elle a inséré dans le décret du 11 juillet 1904 une condition qu'elle sait manifestement ne pouvoir être remplie.

La *Société d'Explorations Coloniales* s'étant bien gardée de tomber dans le piège qui lui était ainsi tendu, on comprend aisément que l'Espagne fasse aujourd'hui une nouvelle tentative en offrant d'appliquer encore un décret devenu inapplicable, par suite de la prescription, mais qui contient une condition si favorable aux visées espagnoles. Seulement, ce que l'on conçoit moins facilement, c'est que le Ministre français des Affaires Étrangères regarde cette manœuvre du Cabinet de Madrid comme une faveur dont il s'étonne et regrette que la Société lésée ne profite pas.

On le concevra moins facilement encore si l'on prend la peine de scruter plus avant cette prétendue magnanimité du Cabinet de Madrid, et si, la poussant jusqu'à ses dernières limites, on en suppute sérieusement les conséquences.

En effet, après avoir enfin atteint son but, c'est-à-dire donné — en apparence — une base légale à son refus, le Gouvernement espagnol pourra ainsi disposer de ce vaste territoire jusqu'ici, comme on l'a dit, moralement hypothéqué. Il ne sera pas embarrassé pour en accorder la concession : les compétiteurs sont nombreux. Mais ils n'ont aucune connaissance exacte de ce pays, des mœurs des habitants, des conditions matérielles dans lesquelles des européens peuvent s'établir, coloniser et trafiquer, et l'Espagne elle-même qui, pendant tant d'années, tout en revendiquant la souveraineté « jusqu'au bassin de la Sangha et même au delà », s'était cantonnée sur deux ou trois points du Littoral, n'aurait pu, comme on l'a déjà fait remarquer, établir une carte de ses nouvelles possessions, au lendemain de l'accord du 27 juin 1900, sans le naïf empressement de la Société d'Explorations Coloniales qui, à l'appui des droits qu'elle faisait valoir, tout aussitôt

---

(1) Voir *in fine* un spécimen de l'enregistrement des actes de ventes, avec les légalisations du Président du tribunal et du lieutenant gouverneur.

communiqua, en même temps que ses contrats, tous les documents rapportés par la mission, tous les renseignements géographiques et tous les plans.

Ce serait doublement une bonne fortune pour le Cabinet de Madrid si non seulement il réussissait, grâce au décret du 11 juillet 1904, à faire croire qu'il n'est rien dû à la Société, mais encore s'il pouvait ne pas se priver du concours de cette dernière, de sa compétence et des connaissances qu'elle est seule à posséder ; s'il pouvait, par exemple, la déterminer à prendre — plutôt sur les frontières, notamment le long du Cameroun où les pillards sont particulièrement audacieux — certaines de ces parcelles de terrain auxquelles le décret du 11 juillet 1904 ne permet de prétendre qu'en prouvant qu'on a fait acte d'occupation et en versant un certain nombre de pesetas.

Ce serait tout avantage pour lui, car, après avoir montré qu'il ne devait rien, il soutiendrait, avec autant de raison, qu'il est généreux ; et, en fait, non seulement il aurait réussi à ne rien verser, mais c'est lui qui recevrait de l'argent de la Société. Rien n'empêcherait plus alors les personnalités politiques et financières qui, en Espagne, attendent la fin de ce différend, d'entrer en scène. Elles sont connues et intéressées, elles aussi, à ce que les concessionnaires, à défaut du Gouvernement espagnol, n'aient rien à rembourser : on pourrait les nommer.

Mais ce n'est pas une question de personnes qui se pose pour la Commission des Affaires extérieures, pas plus ici qu'en ce qui a été allégué précédemment et incidemment pour MM. Renault et Lorin.

Il faut conserver à cette affaire sa véritable physionomie, celle qu'elle a eue dès le début et qu'elle n'a pas cessé d'avoir jusqu'au moment où la *Société d'Explorations Coloniales* a annoncé qu'elle allait s'adresser au Parlement. La véritable situation est celle-ci : des droits de propriété ont été acquis dans les formes indiquées par le Gouvernement français. Ils ne sont pas susceptibles de plus ou de moins ; ils ne peuvent être « modifiés en aucune façon par une délimitation de frontière », ni faire l'objet d'un marchandage. Ils sont ou ne sont pas. Ils devaient être respectés. Le Parlement et la Société demanderesse en avaient eu l'assurance : il n'en a rien été. La Société, à qui on a imposé une longue et vaine attente de dix années, demande aujourd'hui au Parlement de ne pas tolérer qu'elle reste victime d'une pareille injustice.

Quelle sera la réparation ? Sous quelle forme ? Dans quelle mesure ?

La *Société d'Explorations Coloniales*, dans la lettre par laquelle elle a saisi la Commission des Affaires extérieures, a terminé sa requête en disant qu'elle concluait à ce qu'on recherchât une solution équitable, correspondant à ses droits certains et compensatrice de ses sacrifices en même temps que de ses longs efforts.

Elle maintient ses conclusions et s'en rapporte entièrement à cet égard à la sagesse des juges à qui elle vient en ce moment faire un suprême appel. Elle s'incline d'avance devant leur décision.

Ce n'est donc point une question de personnes, on l'a montré, que la Commission des Affaires extérieures est appelée à trancher; ce n'est pas non plus une question d'argent, puisque la Société ne cherche pas à faire un gain quelconque, mais est uniquement préoccupée de rentrer dans ses déboursés. Ce que la Commission a aujourd'hui à juger, c'est, ainsi qu'il a été dit au début et qu'il importe de proclamer bien haut en terminant, une question de bonne foi et une question d'honnêteté.

IMPRIMERIE CHAIX, RUE BERGÈRE, 20, PARIS. — 26676-12-10. — (Encre Lorilleux).

PIÈCES ANNEXES

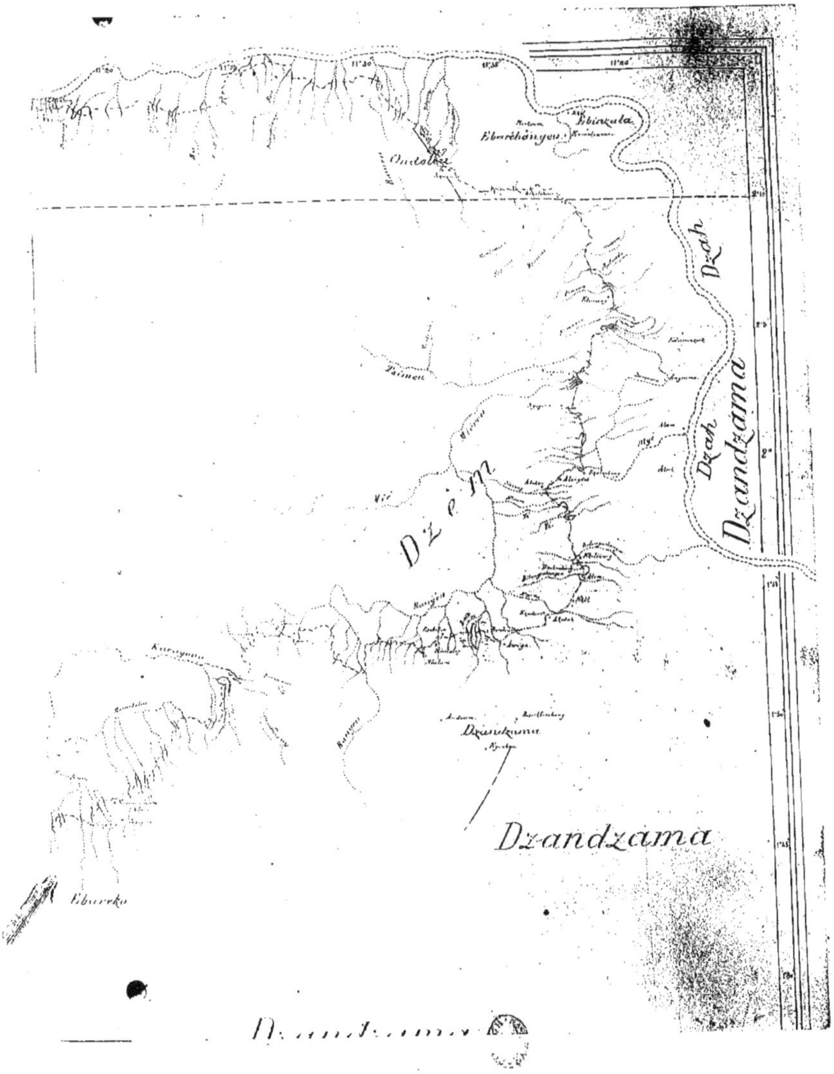

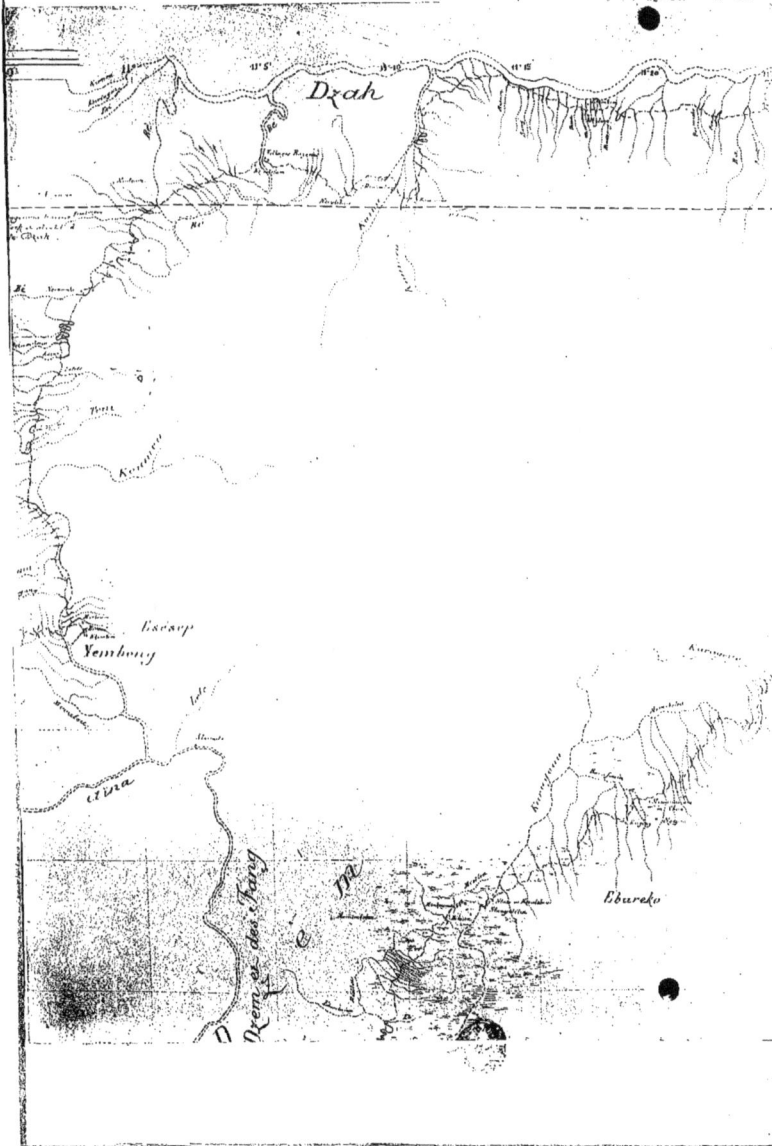

Boulé

Yembong

Yembong

Essansima

Essansima

Yebi

Yebi

Esanan

Mvoua

Aina

Yembong

Mvoua

Mvoua

Yembong

Mvoua

Esesey

Yemb

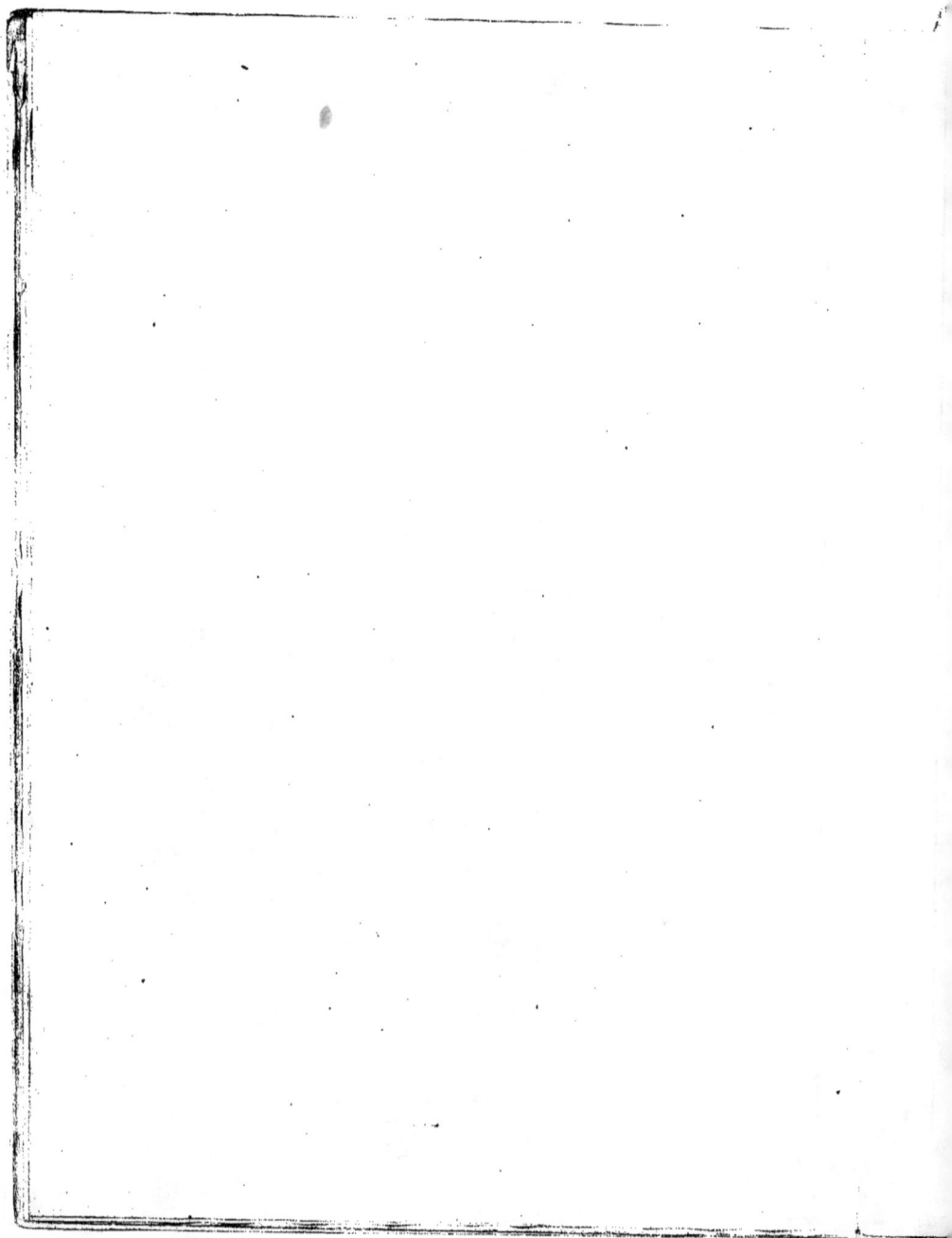

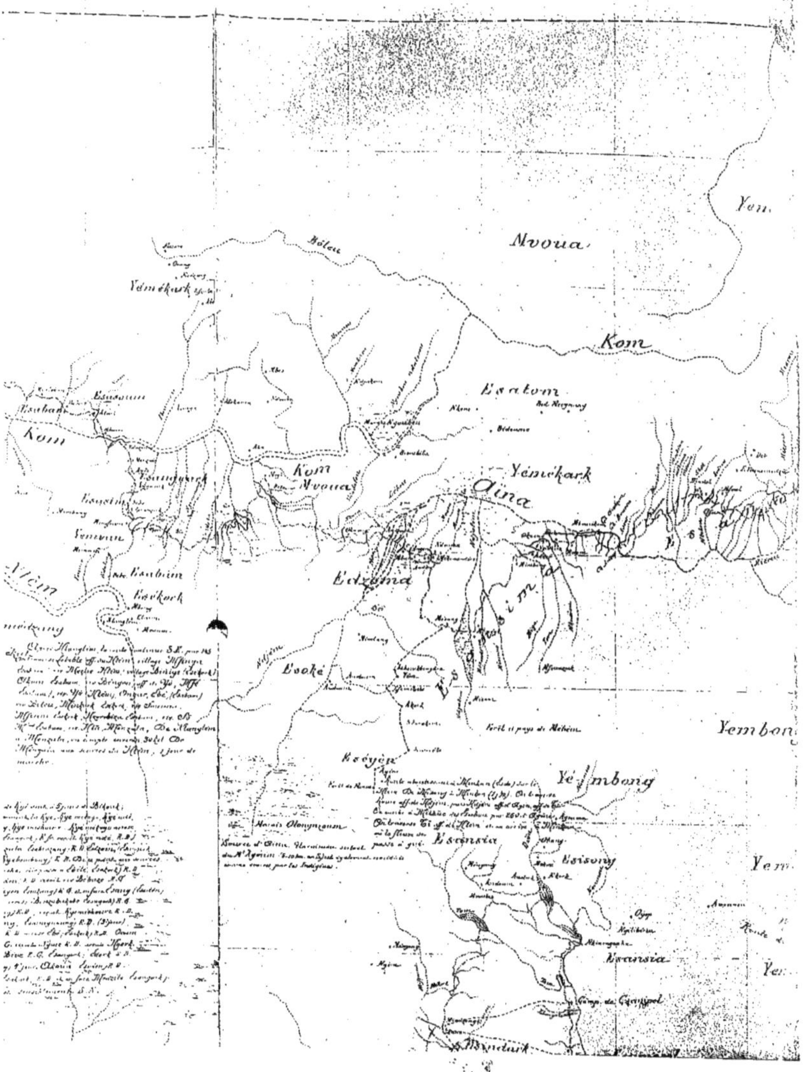

Yon.

Nvoua

Kom

Bélou

Yémékark

Esatom

Kom   Kom
Esahan Nvoua

Néim

Eoukark

meitong

Aina

Edzema

Eoké

Kesim

Yembon

Ke'oyou

Yémbong

Esansia   Esisong   Yem

Evansia   Yer

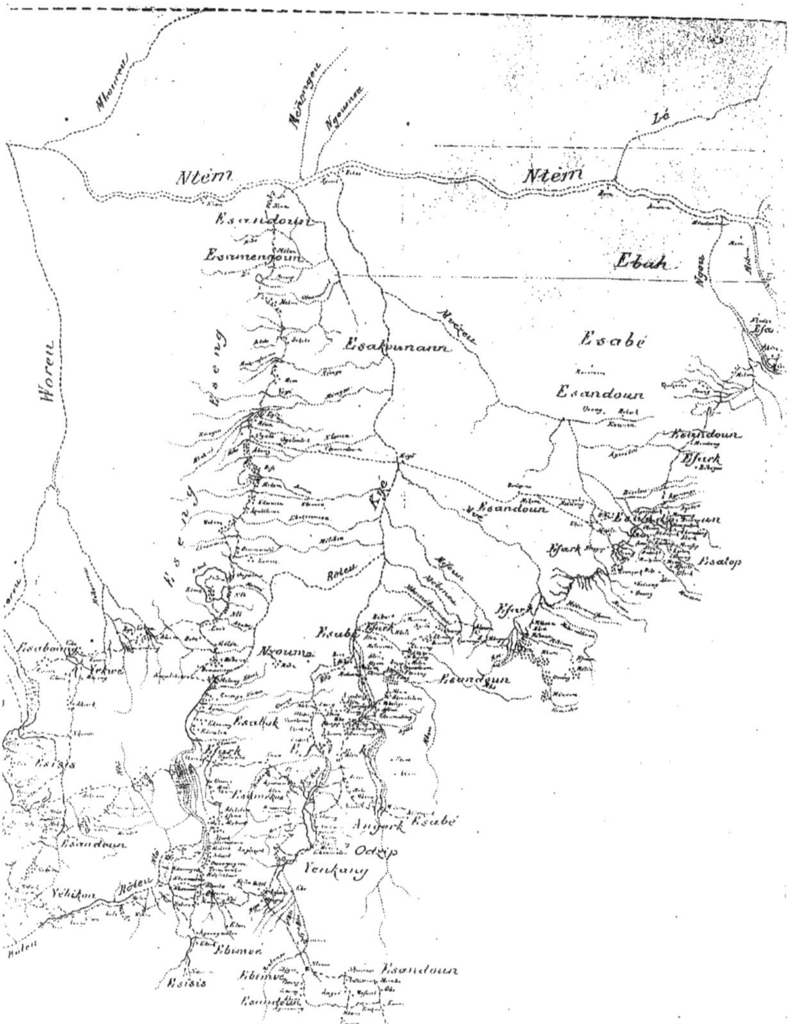

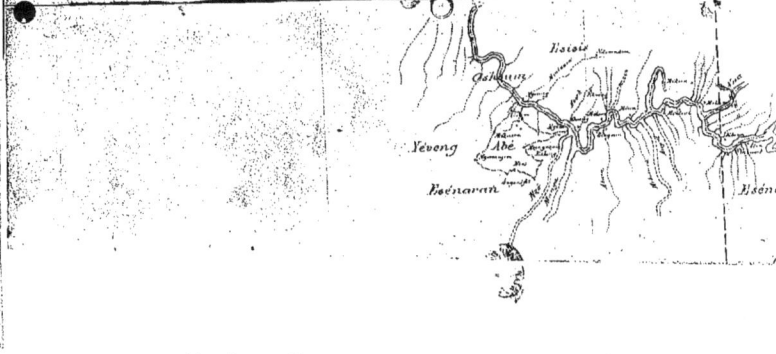

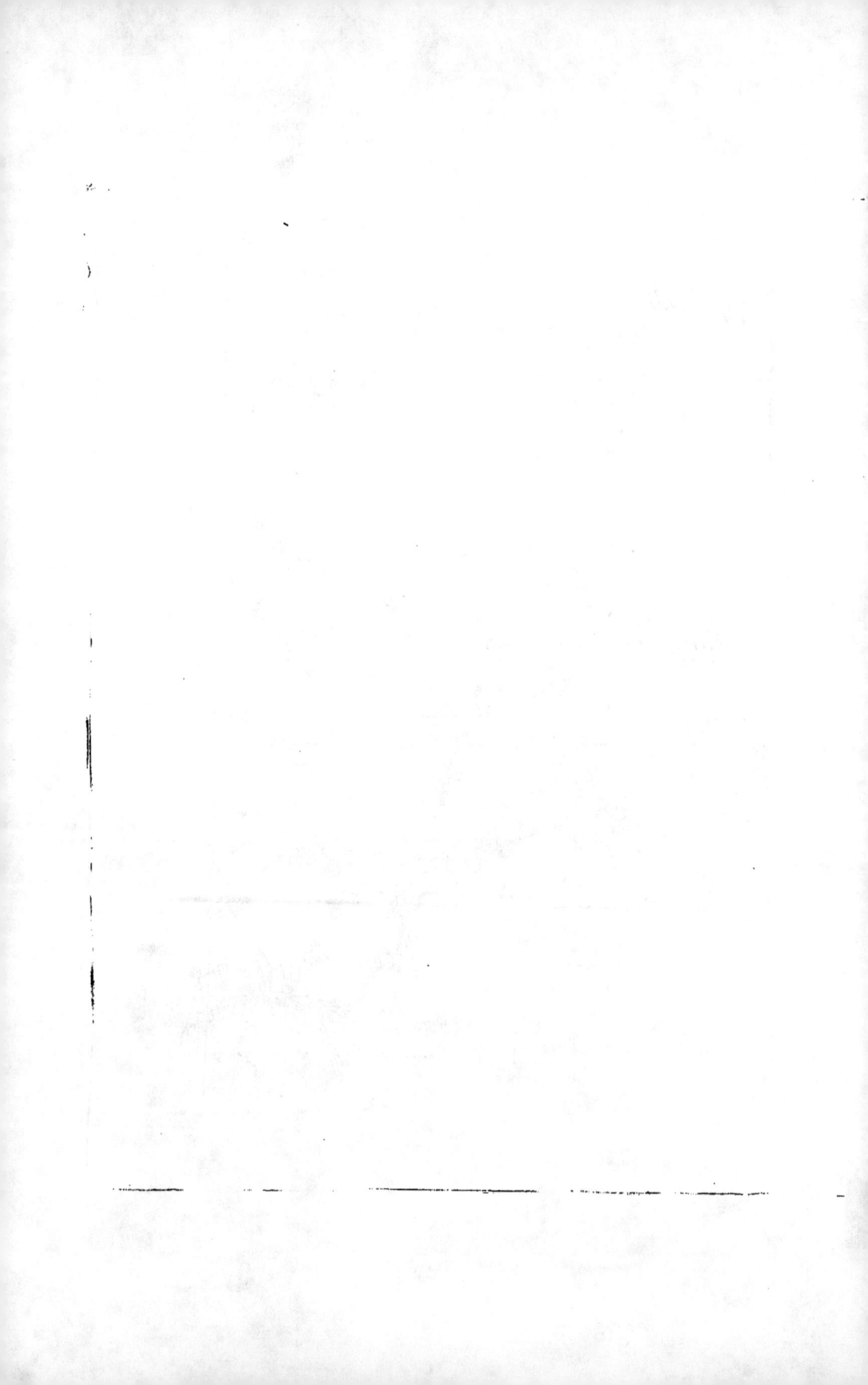

Fang mvègne

Fang mvègne

Fang mvègne

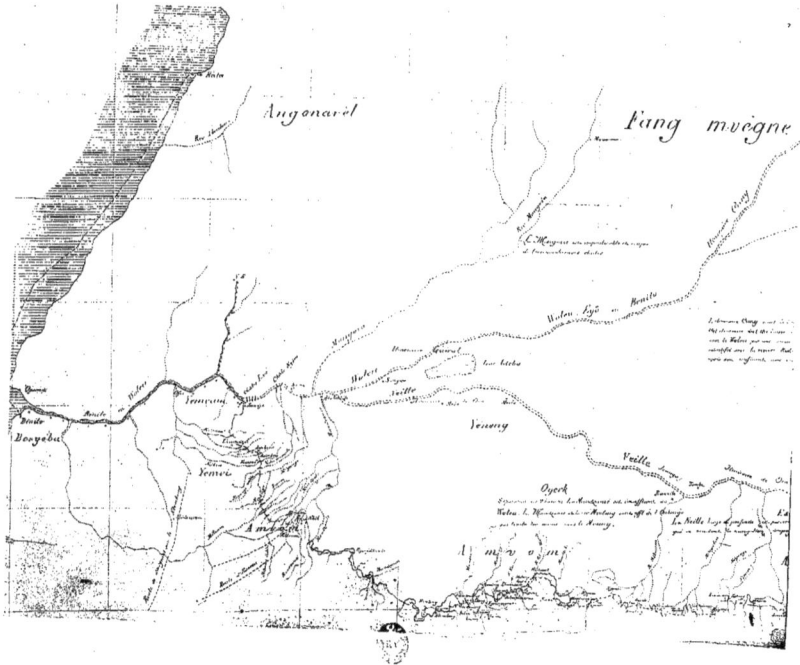

Frontière franco-espagnole

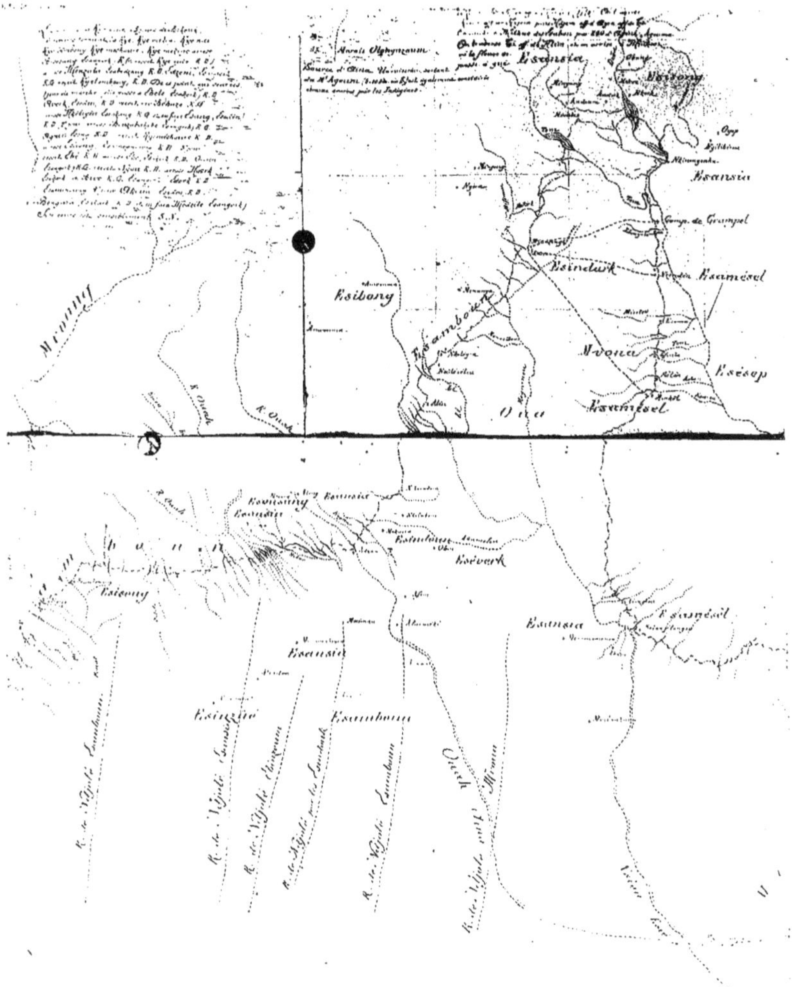

Esansia
Comp. de Grampel
Esibong
Mvona
Esisep
Esansia
Esisong

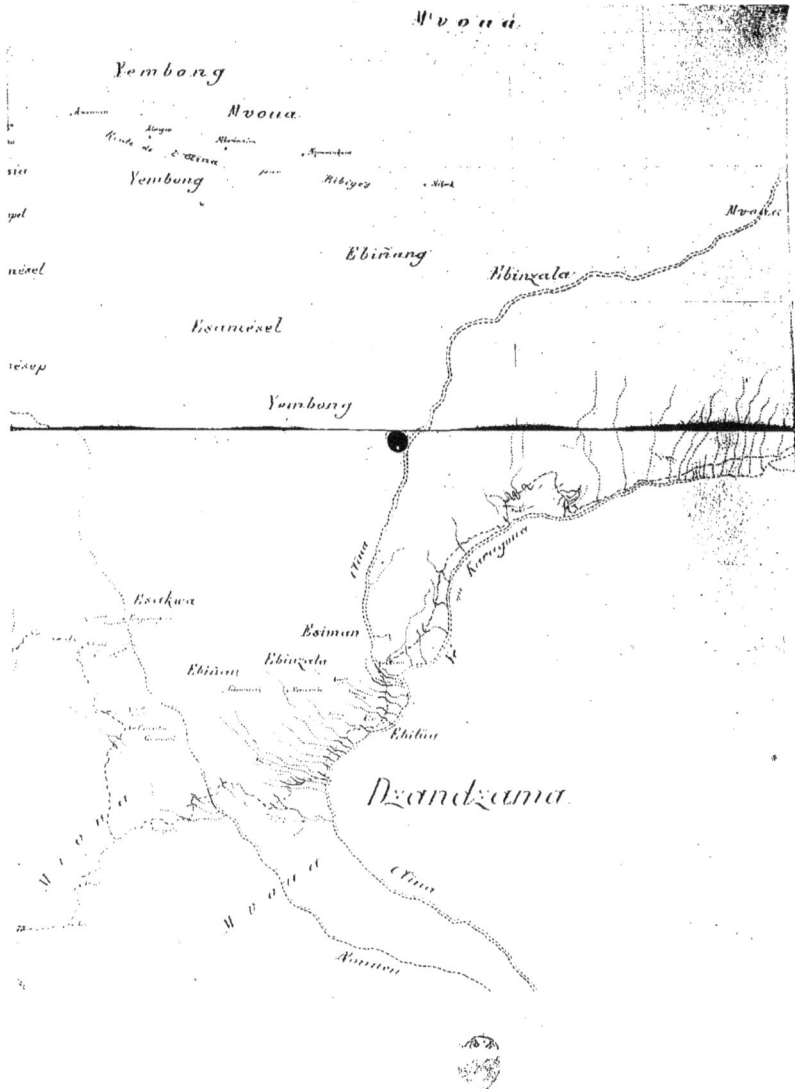

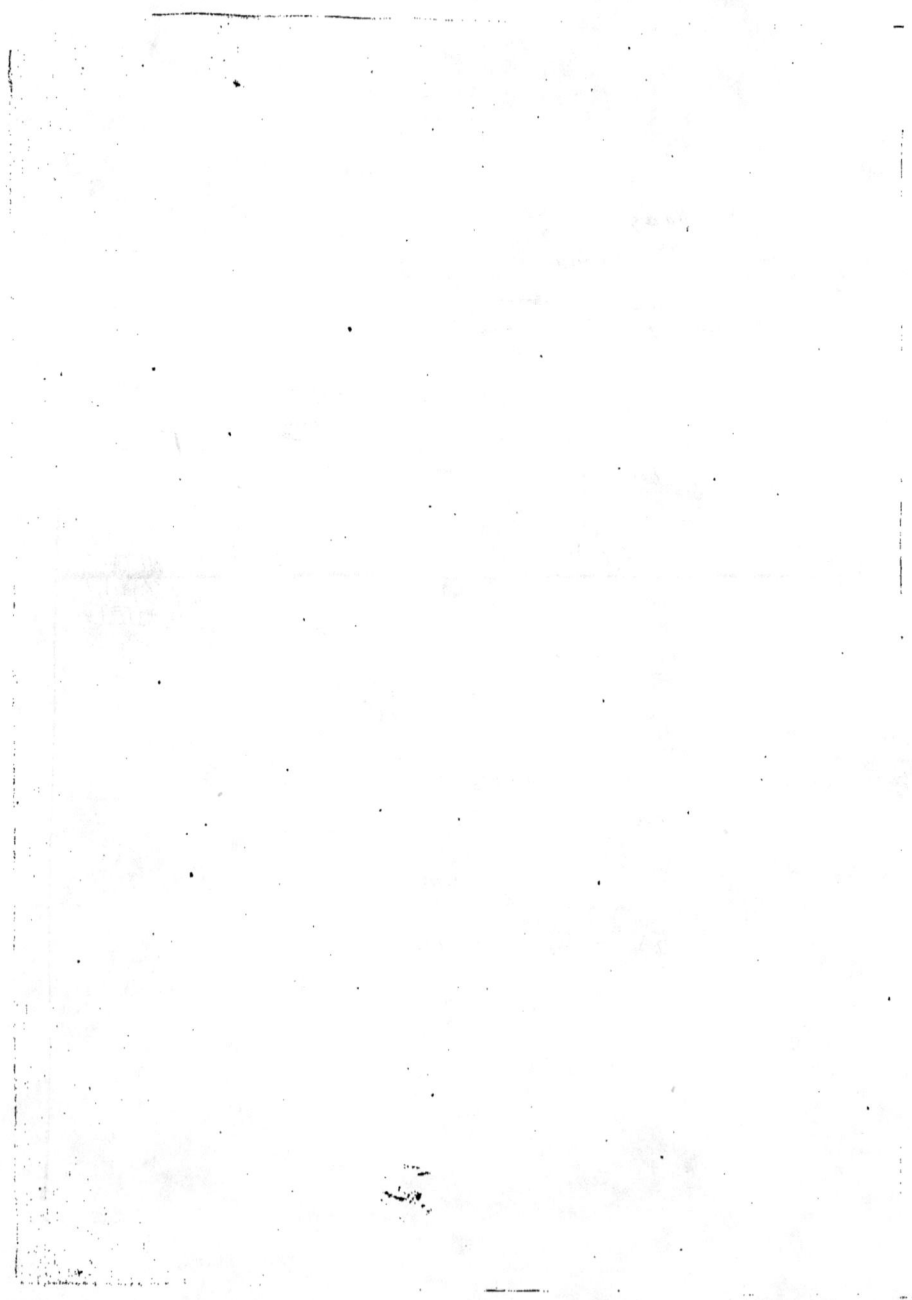

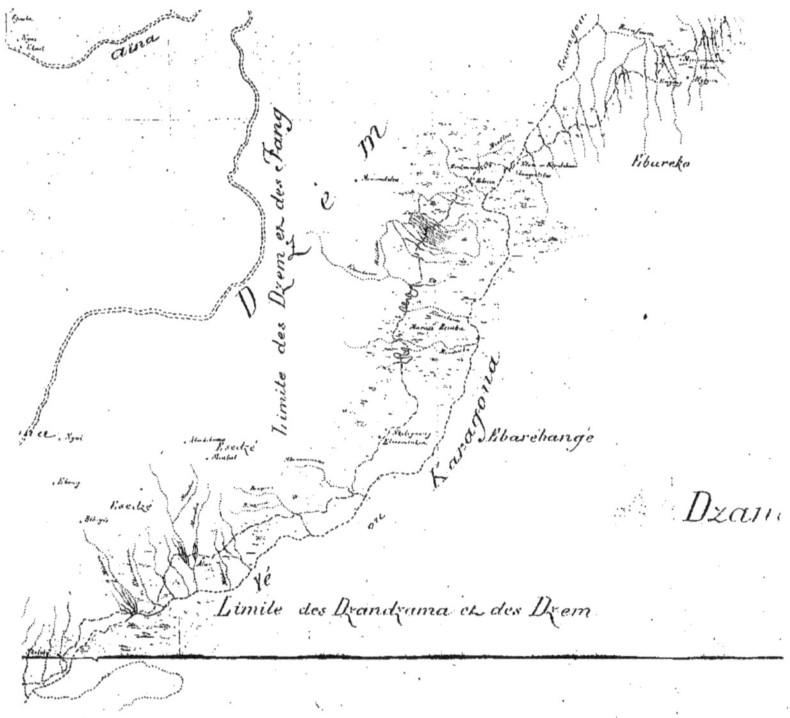

aina

Ouem

Limite des Dsem et des Fang

Kibureka

Karagoua

Esedzé

Nyei

Ebang

Esedzé

Mbarehangé

Dzam

Yé

Limite des Drandrama et des Dsem

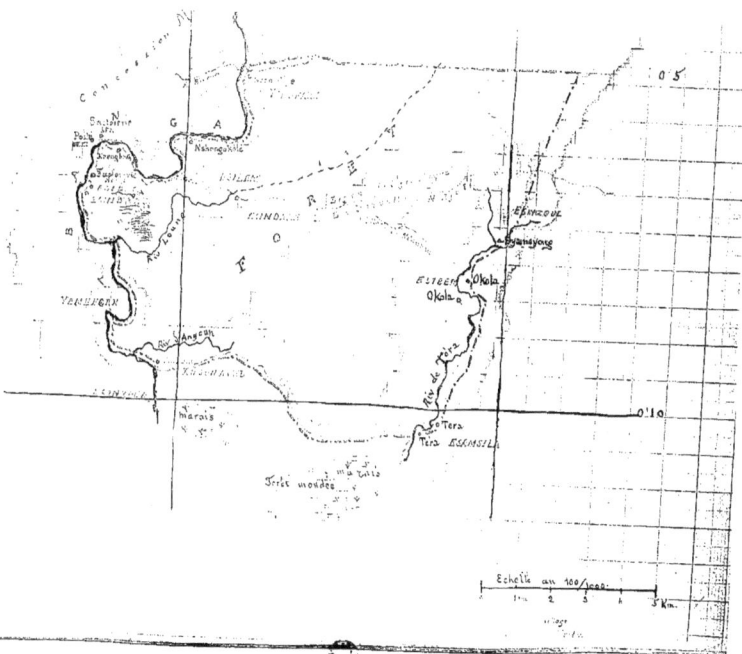

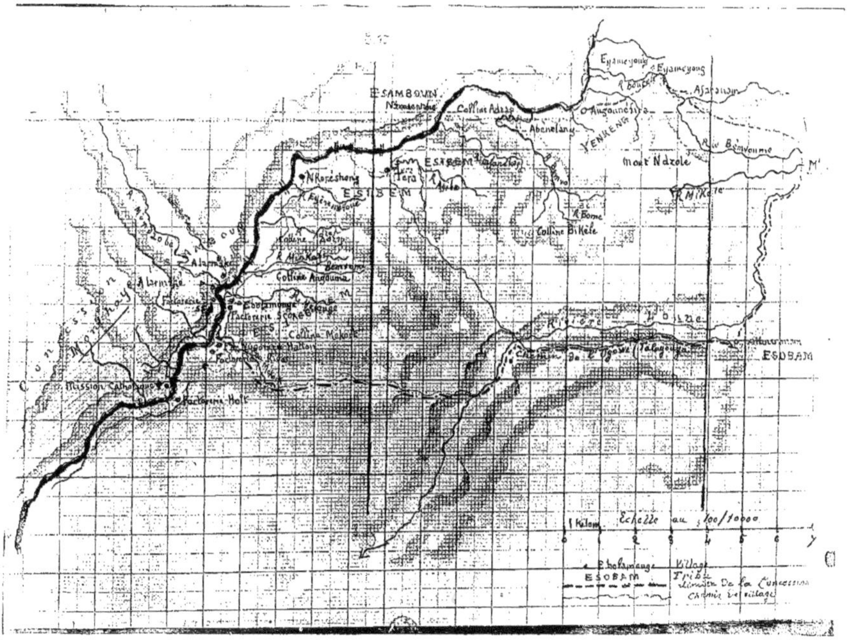

ESAMBOUN
Collines Adzap
Abenelang
O Augounésira
YENKENG
Eyameyong
Eyameyong
R. Bouéé
Asaroun
R. Bémvoume
Mont Ndzole
M'
R. Mikele
ESIBEM
N'Koréshong
Tara
R. Abele
R. Bome
Colline Bikele
Alamaké
Alamiké
Mission Catholique
Factorerie Holt
Factorerie Scoré
Colline Angouma
Collin Mékok
Collin Adzap
Ebolamonge
Concession
Rivière
Chemin de l'Ogowé
Talagouga
ESOBAM
1 Kilom
Echelle au 100/10000
0
1
2
3
4
5
6
Ebolamange
Village
ESOBAM
Tribu
Limite de la Concession
Chemin de village

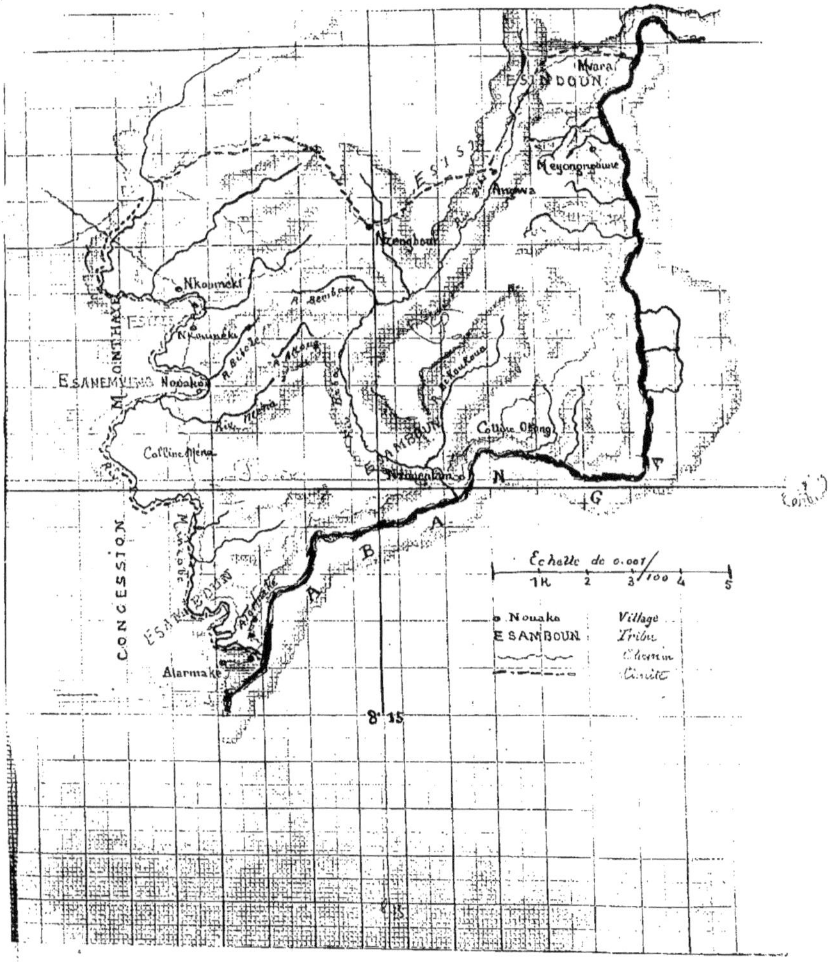

E S A N D O U N

Mvara

Neyongnabure

Angwa

Nzengboun

Nkoumeki

Nkoumeki

R. Bende

R. Bila

ESANEMVINA Nouake

Colline Ofang

Colline Mina

ESAMBOUN

Ntimenkima

N   G

A   B   A

CONCESSION

ESANDOUN

Alarmake

8° 15

Echelle de 0.001

1K   2   3/100   4   5

o Nouake   Village
E SAMBOUN   Tribu
                Chemin
                Limite

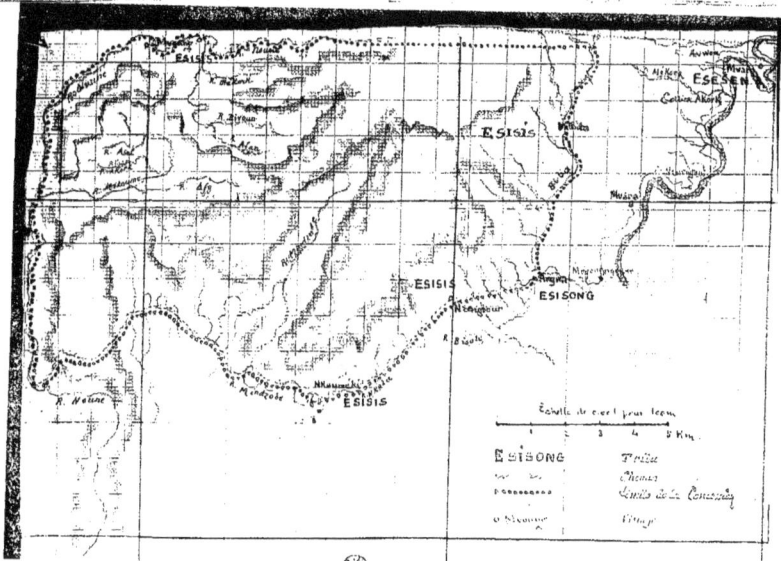

EAISIS
ESESEN
ESISIS
ESISONG
ESISIS
N. Ntume

Échelle de ... pour 1cm.

ESISONG — Tribu
— Chemin
— Limite de la Commune
○ Nkoune — Village

Échelle de 100.000

ESESEN
o Mvae

Tribu
Village
Limite de Concession

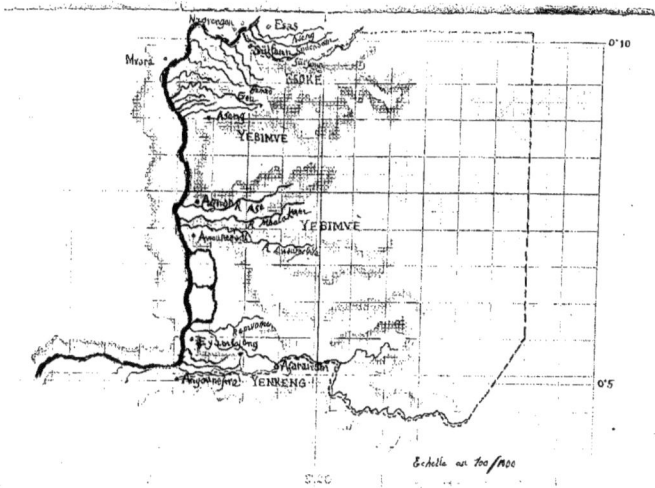

Echelle au 100/1000

o Asoroatuan   Village

Echelle au 1oo/1ooo

8° 20   8° 25

o Nkomili   Village
ESOKY   Tribu
            Limite de la Concession

Echelle au 100 000ᵉ

```
o  Andork      Village
   ESIN'ZAM    Tribu
               Limite de la Circonscon
```

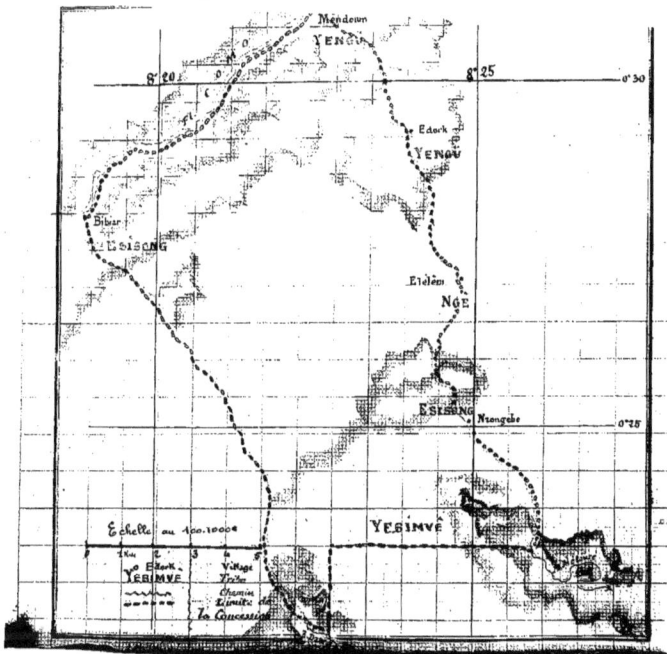

Echelle au 1:00.1000e

Km 1 2 3 4 5

Edock — Village
YEBIMVE Trabe
Chemin
Limite
La Concession

YENOU

Edock
YENOU

Bibar
ESISONG

Etélém
NGE

ESISONG
Ntongobe

YEBIMVE

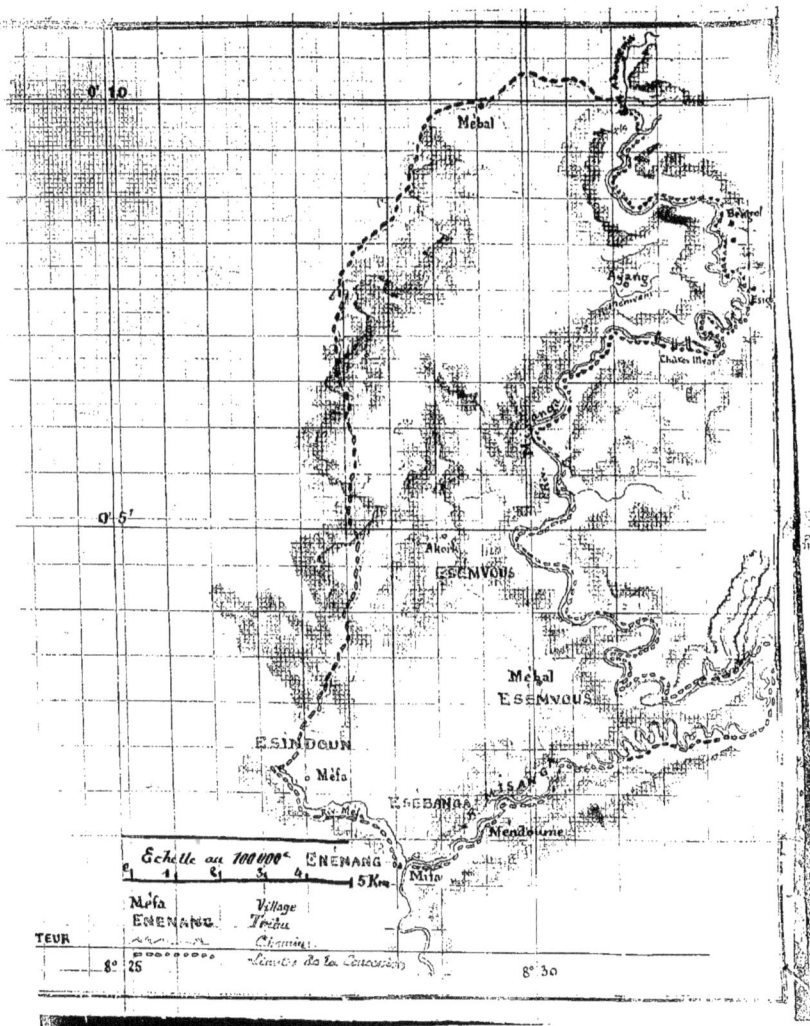

Mébal

Ayang

Mébal

Akori

ESEMVOUS

Mébal
ESEMVOUS

E.SINDOUN

Méfa

ESEBANGA

Mendoume

Échelle au 100.000ᵉ ENENANG

0 1 2 3 4 5 Km   Mila

Méfa   Village

ENENANG   Tribu

TEUR   Chemin

8° 25   Limite de la Concession   8° 30

Echelle au 100 000ᵉ

5 Kilom.

○ Adzop — Village
ESÉSEN — Tribu
— Chemin
••••• Limites de Cunassier

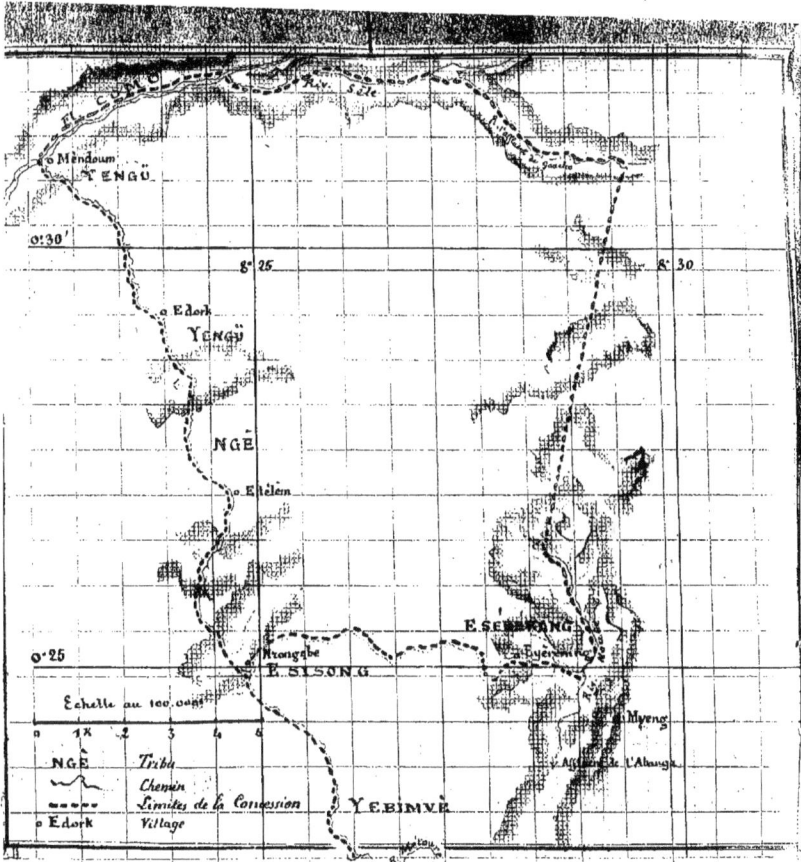

EL S. NO

Riv. S Ile

o Mendoum
YENGÜ

0°30'

8° 25   8° 30

o Edork
YENGÜ

NGÈ

o Etèlèm

E SEBBRANG

Nrongabe
E SISONG

0°25

Echelle au 100.000

0   1K   2   3   4   5   o Myeng

NGÈ   Tribu   Affluent de l'Abanga

━ ━ ━ ━   Chemin
          Limites de la Concession   YEBIMVÈ
o Edork   Village

R. Meton

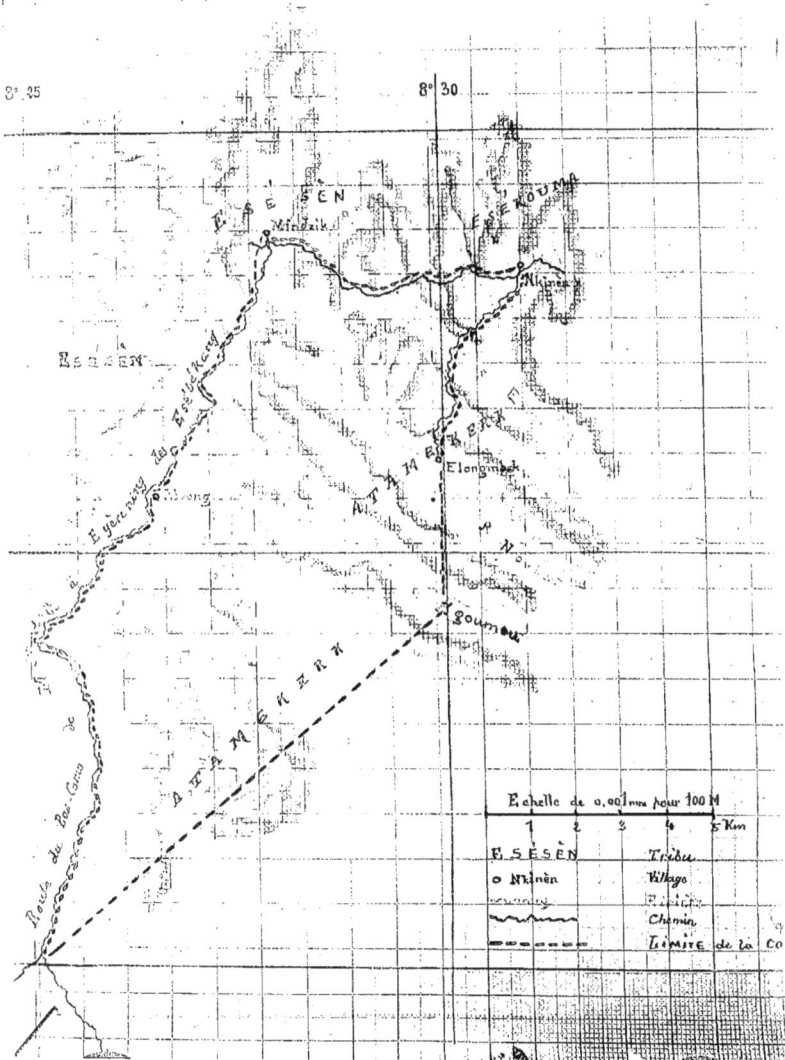

8°25   8°30

E SÈ SÈN   E SÈ KOUMA

Ntsdzik   Njinga

E SÈ SÈN

A TA MÈ KÈN F
N O.

Elongmek

soumou

A TA MÈ KÈN

Echelle de o,001mm pour 100 M

1   2   3   4   5 Km

E SÈSÈN   Tribu

o Ntinèn   Village

Forêt

Chemin

Limite de la Co

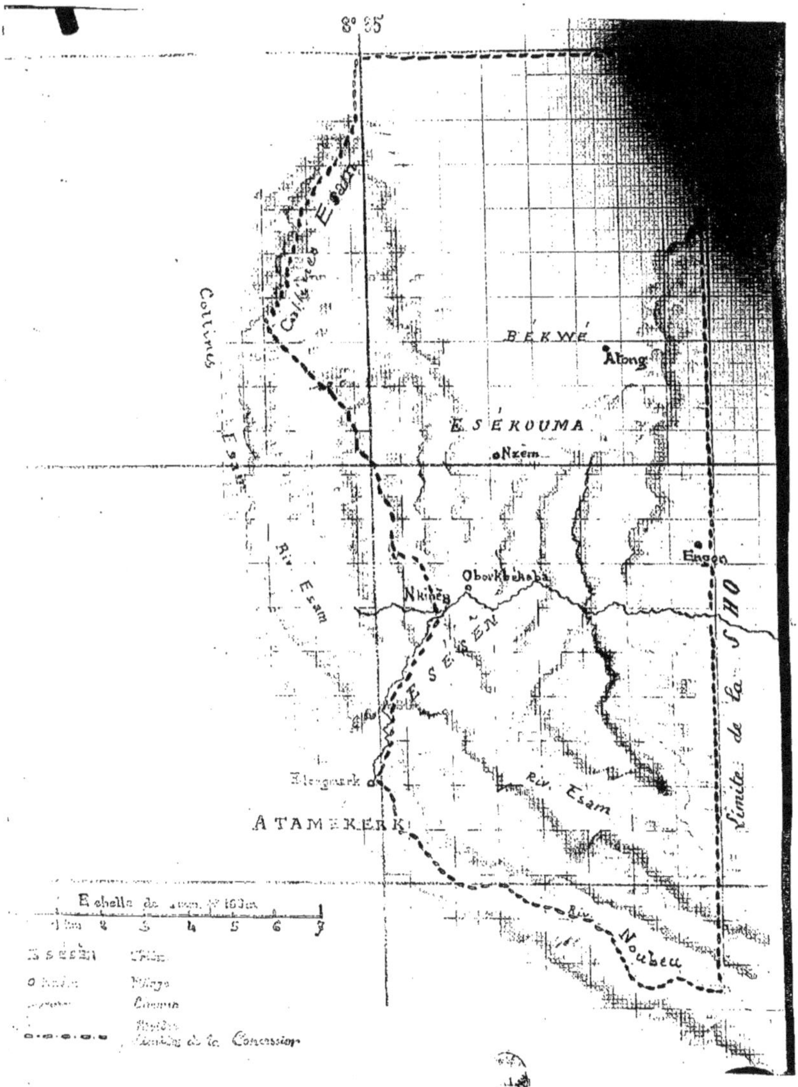

8° 35

Collines Esoahr

Collines Esahr

BÉKWÉ

Abng

ESÉKOUMA

Nzem

Riv. Esam

Engen

Obovkbihaba

Nkheg

ESESEN

Limite de la S'HO

Blongwerk

Riv. Esam

ATAMEKERK

Riv. Noubeu

Echelle de env. 1/160m

1km 2 3 4 5 6 7

Limite de la Concession

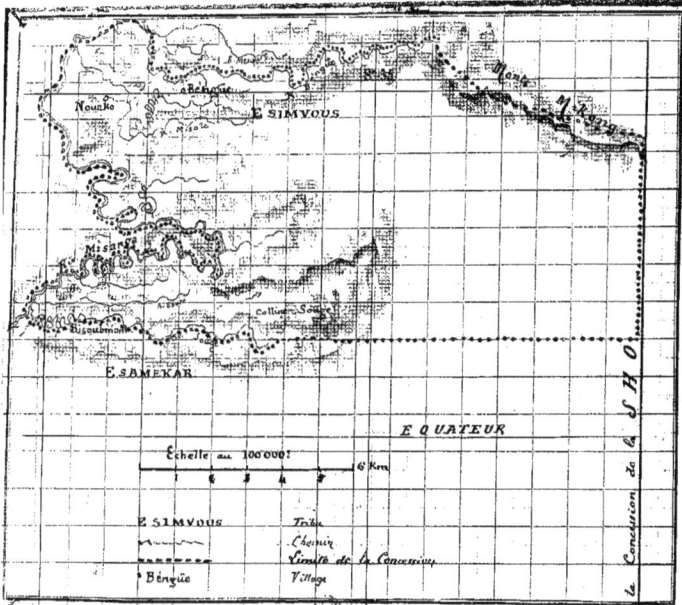

E. SIMVOUS

Nouko

Bénque

E. SIMVOUS

Missang

Bisoutmal

E. SAMEKAR

Collin Songé

E Q U A T E U R

la Concession de la S. H. O.

Echelle au 100'000?

6 Km

E. SIMVOUS — Tribu

Chemin

Limite de la Concession

Bénqué — Village

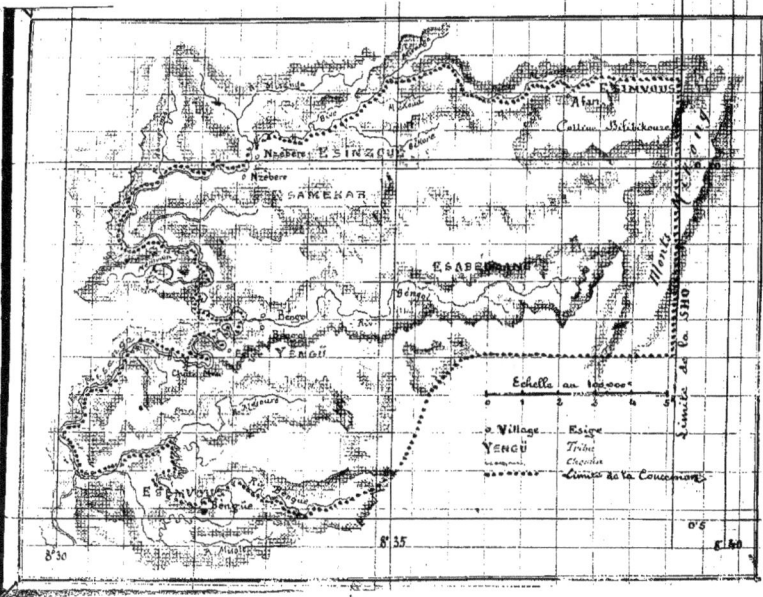

ESIMVOUS
Afan
Collew Bibitikouze
N'zébere ESINZOUE
N'zébere
ESAMEKAR
ESABE
Bongo
Bongo
YENGÜ
ESENVOUS
Bongue
A. Mulele

Echelle au 100.000e

0   1   2   3   4   5

o Village   Esige
YENGÜ   Tribu
.... Chaoila
.... Limite de la Concession

Monts de la SHO
Limite de la SHO

8°30   8°35.   0°6   0°40

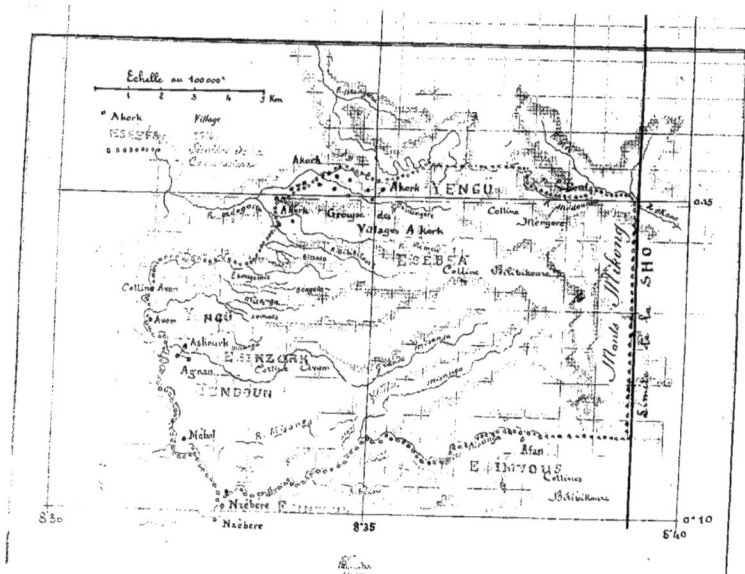

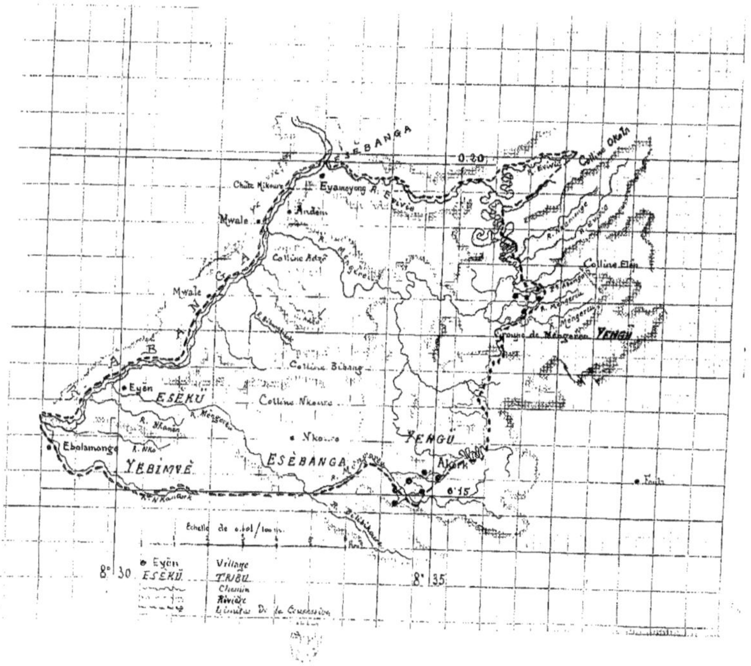

ESEBANGA
0.20
Colline Okoln
Chute Mikoure
Eyameyong
R. Eviwe
Andem
Mwale
Colline Adzo
Colline Elen
Groupe de Mengeren
YENGU
Mwale
Colline Bibang
Eyen
ESEKÜ
Colline Nkoure
R. Mengeren
R. Nkanen
Nkoure
YENGU
Ebolamange
R. Nko
YEBIMVE
ESÈBANGA
Akork
6°15
Echelle de 0.001/100m.
8° 30
8° 35
Eyen
Village
ESEKÜ
TRIBU
Chemin
Rivière
Limites de la Concession

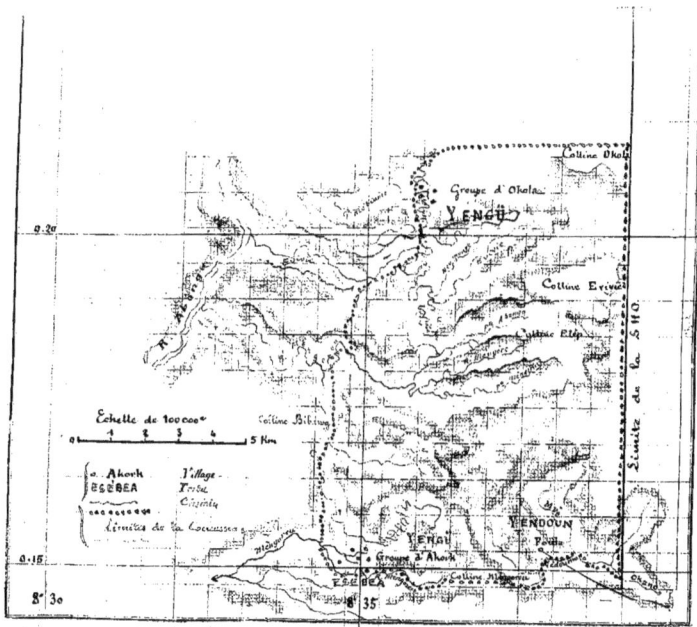

Echelle de 100.000ᵉ

0   1   2   3   4   5 Km

- Ahork .... Village
- ESEBEA .... Tribu
- .... Chemin
- .... Limite de la Circonscription

Groupe d'Ohola

YENGU

Colline Okala

Colline Eriva

Colline Elip

Colline Bibiang

YENGU

Groupe d'Ahork

ESEBEA

Colline Nkenne

YENDOUN Poste

Limite de la S.H.O.

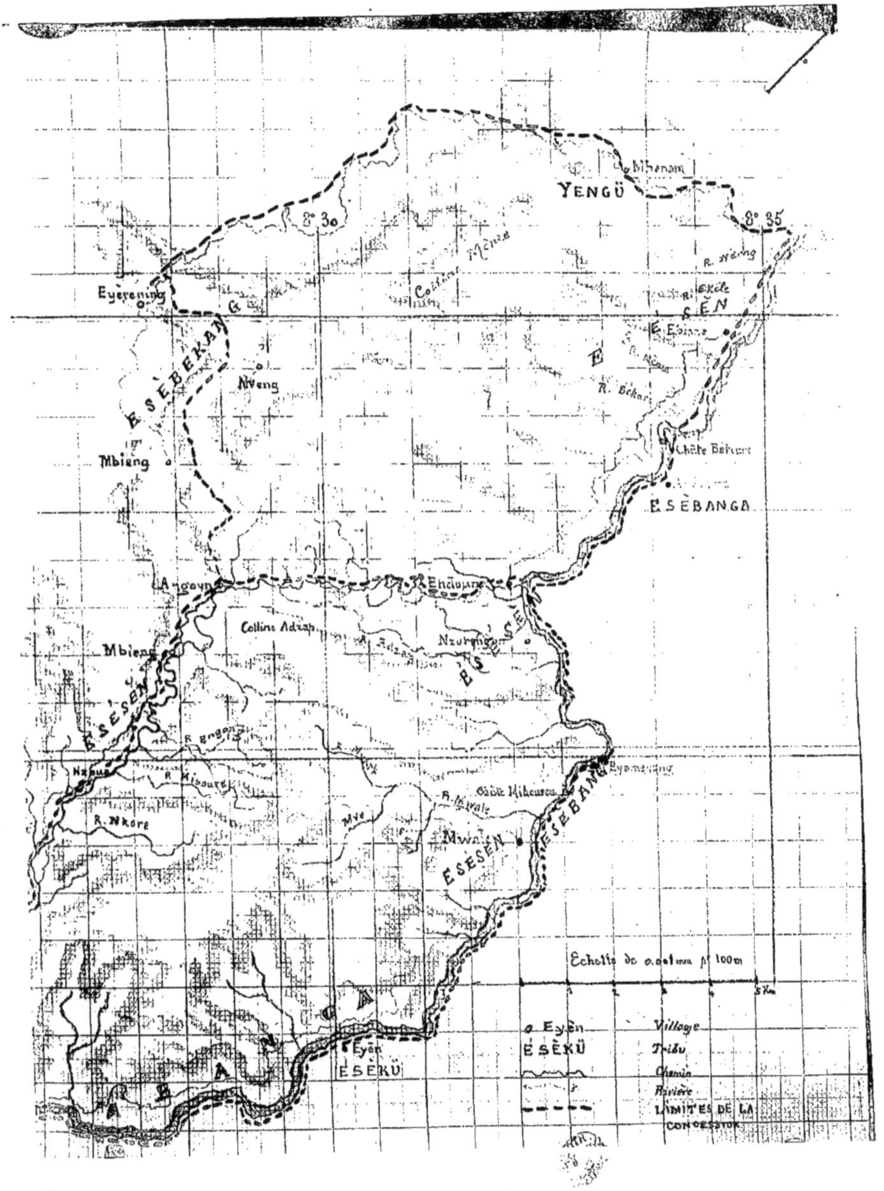

YENGÜ

8°30

8°35

Eyerening

ESEBELANG

Nveng

Mbieng

Mbheam

E SÈN

ESEBANGA

Chûte Bakum

A. Engoung

Collines Adzap

Nzurmeng

Mbieng

R. Etzum

ESESEN

ESEBANG

ESÈN

Mbang

Mwain

ESESEN

Eyameteng

Chûte Mihcuou

R. gngnb

R. Mbourzè

R. Nkore

Mve

R. Levalè

Echelle de 0,001 mm p. 100 m

0

5 Km

o Eyèn

ESÈKÜ

Village
Tribu
Chemin
Rivière
LIMITES DE LA
CONCESSION

o Eyèn
ESÈKÜ

Echelle de 0.001mm pour 100 m.   5 Kilom.

YENGÜ   Tribu
● Mveng   Village
           Rivière
           Chemin
           Limites de la Concession

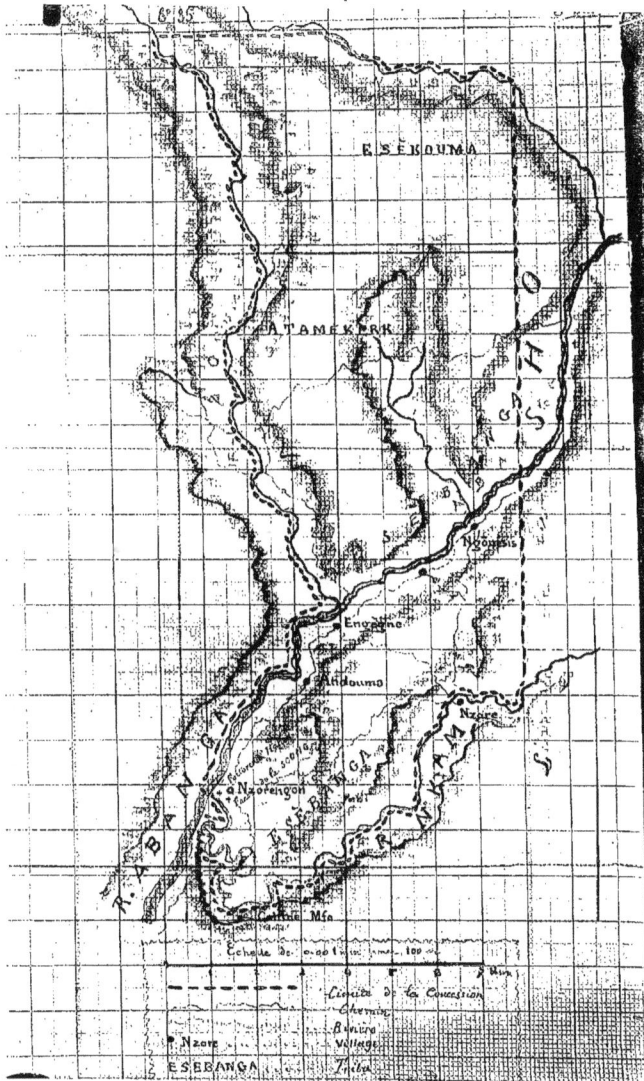

ESEKOUMA

ATAMEKERK

GAHO

NGOSSIS

Ngossis

Engamo

Atidouma

Nzoce

Ngorengoni

Mfo

Échelle de 0,001 m...... 100

Limite de la Concession
Chemin
Bororo Village
Nzore Tribu

Je soussigné, Raoul Béteille,
licencié en droit, notaire à la résidence
de Libreville (Gabon, Congo français et
dépendances),

certifie et atteste à qui de droit que le
plan ci annexé, revêtu de la mention
"pour copie conforme (n° 2)", au bas
de laquelle se trouve apposée ma signature,
est la reproduction fidèle du plan
original annexé à un acte de dépôt par
Me Brandon de quatorze actes de ventes,
quarante huit plans et quatre cartes, reçu
par Me Fernand Bonhomme, mon prédécesseur
médiat à Libreville, le quinze février
mil neuf cent un.

Libreville le dix sept octobre mil
neuf cent huit,

R. Béteille

Dispense d'enregistrement
suivant l'article ...
sur l'enregistrement ... 1903

Pour copie conforme
n° 2
R.

Plan
n° 2

R. Singlea
Toaba
Essozoué
Ebvoreahoule
R. Mandjane
Bediounga
Benito
R. Neille

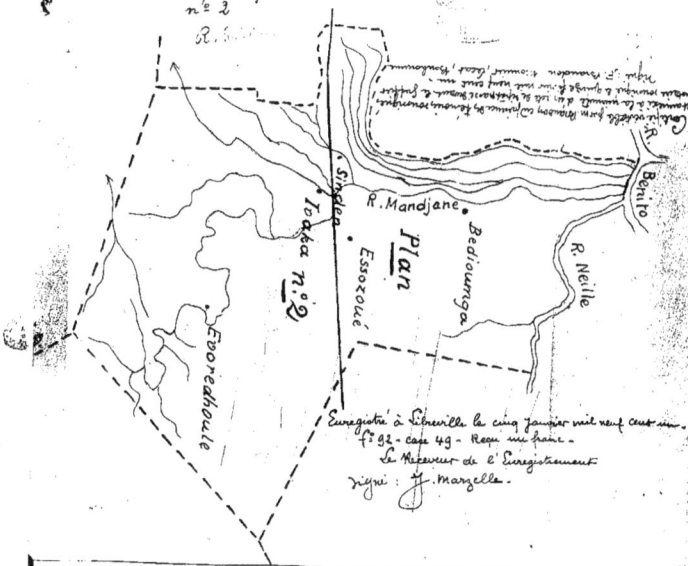

Enregistré à Libreville le cinq janvier mil neuf cent...
f° 92 - case 49 - Reçu un franc
Le Receveur de l'Enregistrement
signé : J. Marzelle

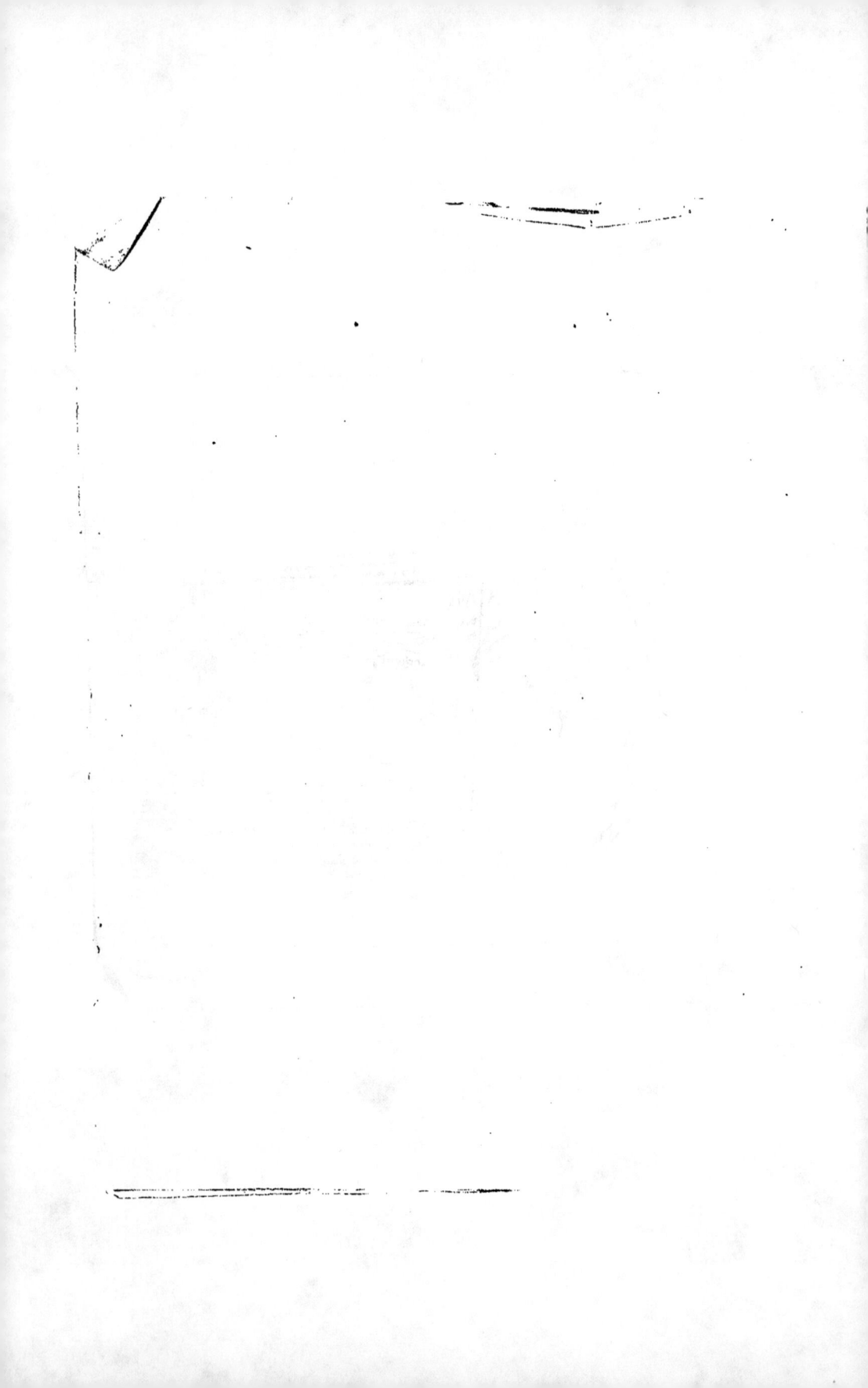

Vu par Nous, Henri de Kersaint-Gilly, Président du tribunal civil de Libreville, pour la légalisation de la signature de Mr Raoul Béteille notaire à Libreville, apposée d'autre part.

Libreville le 22 octobre 1908

Le Président du Tribunal,

Vu par Nous, Lieutenant Gouverneur du Gabon, pour la légalisation de la signature de Mr Henri de Kersaint-Gilly, Président du Tribunal civil de Libreville, apposée ci-dessus.

Libreville le 22 octobre 1908

Par délégation,

Le Chef de Cabinet,

RÉPUBLIQUE FRANÇAISE
CABINET
DU

Société d'Explorations Coloniales

SOCIÉTÉ ANONYME

Entre les soussignés :

1° Les Chefs de village indiqués au bas des présentes, d'une part ;

2° et Monsieur ALBERT LESIEUR négociant français demeurant à Paris, ou son mandataire spécial agissant au nom et pour compte de la SOCIÉTÉ D'EXPLORATIONS COLONIALES, Société Anonyme, dont le Siège social est à Paris, 4, Rue Le Peletier.

Il a été convenu ce qui suit :

1° Les Chefs soussignés vendent et cèdent par les présentes à MONSIEUR LESIEUR qui accepte, en toute propriété, tous les territoires des villages placés sous leur autorité.

2° Cette vente est faite moyennant un paiement en marchandises fixé pour chacun des chefs soussignés à la somme de

3° Les Chefs ayant signé les présentes dans leurs villages se rendront

pour toucher le paiement énoncé ci-dessus et signeront une feuille collective comme preuve qu'ils ont touché leur paiement.

4° En faisant à MONSIEUR LESIEUR es-qualités ou à son mandataire la présente vente, les chefs soussignés reconnaissent à MONSIEUR LESIEUR es-qualités ou à son mandataire seul, le droit de commercer sur ces territoires, sur lesquels lui seul ou ses représentants pourront installer des comptoirs ou se livrer à tout négoce ou toute entreprise généralement quelconque qui leur plaira.

5° Par les présentes les Chefs soussignés reconnaissent éventuellement pour eux et les habitants de leurs villages l'autorité de la France et s'engagent à la respecter en se soumettant aux décisions ou mesures quelconques prises à leur égard par le Gouvernement français.

6° En cédant à MONSIEUR LESIEUR es-qualités ou à son mandataire la propriété de leurs territoires, les chefs soussignés se réservent pour eux et leurs sujets la faculté d'y rester installés avec leurs villages, qu'ils pourront déplacer à leur volonté et de mettre en culture les terrains nécessaires à leurs plantations.

7° Les habitants des villages conservent le droit d'exploiter les produits naturels du sol et le droit de chasse et de pêche comme par le passé.

8° Les Chefs soussignés s'engagent à ne jamais ouvrir les hostilités contre leurs voisins, avant d'en avoir référé à MONSIEUR LESIEUR es-qualités ou son mandataire ou à ses représentants, tant que des postes gouvernementaux n'auront pas été installés dans les régions voisines, en ce cas les Chefs devront toujours en référer au représentant du gouvernement.

Fait en double le

Pour La Société d'Explorations Coloniales
(Société Anonyme)

IMP. CHARLES, 8, PASSAGE VIOLET, PARIS.

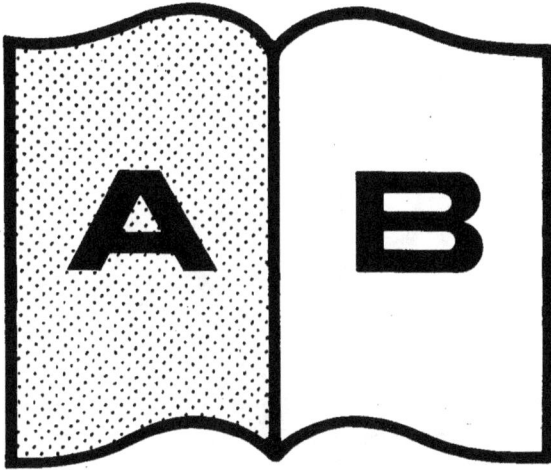

Contraste insuffisant

NF Z 43-120-14

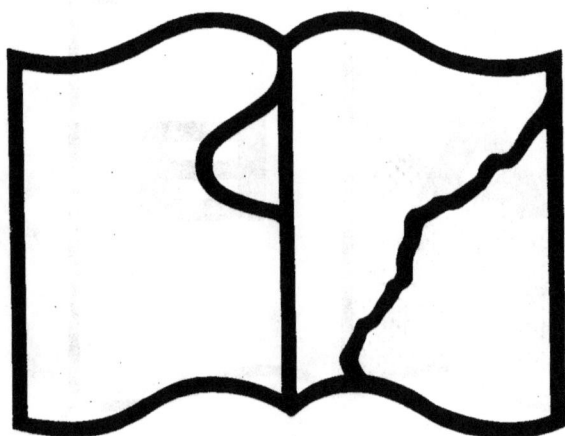

Texte détérioré — reliure défectueuse

NF Z 43-120-11

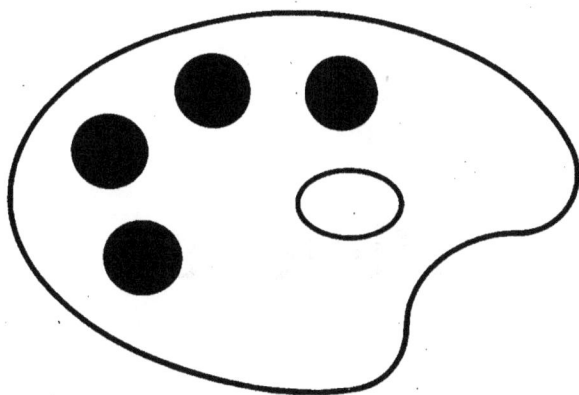

Original en couleur
NF Z 43-120-8

Reliure serrée

www.ingramcontent.com/pod-product-compliance
Lightning Source LLC
Chambersburg PA
CBHW071843200326
41519CB00016B/4217